Inhaltsverzeichnis

Vorwort

Liebe Kolleginnen und Kollegen,

Wasser ist für die Kinder wohl das faszinierendste Element von allen. Welches Kind liebt es nicht, mit Wasser zu hantieren? Zu Hause im Badezimmer, bei Regenwetter in den Pfützen oder an Bächen, Flüssen und Seen – welches Wetter auch ist, das Spielen im oder am Wasser macht immer Spaß!
Dabei bietet es auch einen wunderbaren Lebensraum. Viele Pflanzen und Tiere sind im oder am Wasser zu Hause. Die einheimischen Gewässer beheimaten eine Vielzahl an Pflanzen und Tieren: Fische, Insekten, Frösche und Wasservögel. Sie alle benötigen das Wasser in unterschiedlichster Form – mal schnell fließend, mal langsam fließend oder auch stehend in einem Tümpel. Jedes Wasser bietet unterschiedlichen Lebewesen Platz. Die Kinder erfahren, welche Tiere es an und in unseren heimischen Gewässern gibt. Sie lernen etwas über ihren Lebensraum, aber auch über die Tiere selbst, zum Beispiel, wie die Teichmuschel als Wasserfilter fungiert, wie sich Wasservögel vor Kälte schützen und wer eigentlich was gerne frisst. Gemeinsam ergründen Sie mit den Kindern unsere einheimischen Binnengewässer.
Auch das Thema Umweltschutz wird angesprochen. Bei einem spannenden Experiment lernen die Kinder, wie Verschmutzungen aus dem Wasser herausgefiltert werden können. Sie erfahren außerdem, wie das Federkleid die Wasservögel auch bei kalten Temperaturen warmhält und wie Fische in zugefrorenen Seen überwintern.
Spannende Experimente, vielfältige Bastelangebote, lustige Spiele und vieles mehr können mit dieser Projektmappe gemeinsam erprobt werden. So lernen die Kinder auf spielerische Weise viel über Bäche, Flüsse und Seen mit ihren Pflanzen und Tieren kennen.

Ich wünsche Ihnen eine spannende und abwechslungsreiche Zeit mit diesem Projekt.

Jenny Hütter

Hinweis:
Liebe Fachkraft, wir möchten in unseren Materialien niemanden benachteiligen oder diskriminieren. Daher nutzen wir unter anderem das Gendersternchen, um alle Geschlechter anzusprechen. Auf Arbeitsblättern für Kinder verzichten wir jedoch aus Gründen der besseren Lesbarkeit darauf und nutzen weiterhin entweder die „neutrale“ Form oder Doppelformen. Selbstverständlich sind stets alle Geschlechter gemeint.

Vorbemerkungen und Arbeitshinweise

Zu den verwendeten Symbolen

Bildungsbereiche (jeweils das äußerste Symbol oben rechts auf den Arbeitsblättern):

 Sprachliche Bildung

 Musikalische Bildung

 Ästhetische Erziehung

 Umwelt-, Sach- und Naturbegegnung

 Gesundheit und Ernährung

 Mathematische Bildung

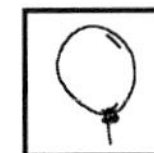 Feste und Feiern

 Wahrnehmung und Entspannung

 Körpererfahrung und Bewegung

 Sozialerfahrungen

Sonstige Symbole:

 geeignet für die Begabtenförderung

 für unter 3-Jährige geeignet

Layout:

- Die Seiten mit **dem Schilf** im Layout unten rechts sind für die Erzieher*innen gedacht.

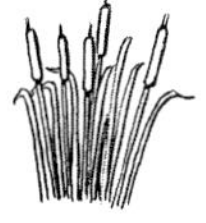

- Die Seiten mit **dem Graureiher** unten rechts sind Arbeitsblätter, die direkt mit den Kindern bearbeitet werden können.

Allgemeine Hinweise zur Organisation und Durchführung

Zum Umgang mit den Arbeitsblättern

Bevor die Kinder die Arbeitsblätter bearbeiten, ist es sinnvoll, die Aufgabenstellung mit den Kindern zu besprechen. Hierfür eignen sich auch kleinere Gruppen. Für die Aufbewahrung der Arbeitsblätter gibt es verschiedene Möglichkeiten:

- Ablagefächer (alternativ unifarben gestaltete Deckel von Kopierkartons): Die Kinder haben so freien Zugriff auf die darin sortierten Arbeitsblätter und können ihre Aufgaben selbst auswählen.
- Jedes Kind verfügt über einen Schnellhefter, in den Sie regelmäßig nach Alter und Entwicklungsstand ausgewählte Arbeitsblätter (z. B. zwei Arbeitsblätter pro Woche) einheften oder gemeinsam mit dem Kind aussuchen. Die Kinder wählen den Zeitpunkt der Bearbeitung entweder frei oder es gibt festgelegte Zeiten, innerhalb derer ein Kind seine Arbeitsblätter bearbeiten kann.
- Die fertiggestellten Arbeitsblätter werden im Schnellhefter oder in einer Sammelmappe / einem Sammelordner abgeheftet bzw. gehören als Anlage zur Bildungsdokumentation oder zum Portfolio.
- Es empfiehlt sich, außerdem einen Schuhkarton für andere gefertigte Objekte anzulegen.

Tipps und Anregungen zu den einzelnen Angeboten

Zu „Ansaugspiel ‚Das Lesen am Wasser'", S. 11 / 12
Das bekannte Märchen von Hans Christian Andersen „Das hässliche Entlein" eignet sich sehr gut, um es mit den Kindern zum vorliegenden Thema zu lesen. Im Internet ist die Geschichte zum Beispiel unter folgendem Link zu finden: *www.labbe.de/Das-haessliche-junge-Entlein*
Auf dieser Website ist das Märchen auch als Audiodatei hinterlegt.
Weiterführend zur Geschichte eignen sich folgende Angebote aus dem Heft, um sie mit den Kindern durchzuführen:

- „Küken füttern" (s. S. 20)
- „Lebenszyklus von Tieren am und im Wasser" (s. S. 30)
- „Wer hat die meisten Entenküken?" (s. S. 38)
- „Was gehört zusammen?" (s. S. 43)

Zu den Rezepten im Bereich „Gesundheit und Ernährung", S. 36 / 37
Verwenden Sie – der Gesundheit und Umwelt zuliebe – Zutaten in Bioqualität, aus dem eigenen Garten oder aus Wildsammlungen. Verwenden Sie diese jedoch nicht aus der Nähe viel befahrener Straßen!
Achtung: Bitte berücksichtigen Sie bei der Auswahl der Zutaten eventuelle Lebensmittelunverträglichkeiten der Kinder.

Wissenswertes zum Thema „Bäche, Flüsse, Seen – Lebensraum für Tiere und Pflanzen"

Der Fluss
Als Fluss bezeichnet man (nicht von Menschen geschaffene) fließende Gewässer mit einem natürlichen Ursprung (der Quelle). Größere Flüsse werden auch als Strom, kleinere Flüsse als Bach bezeichnet.
Der Anfang eines Flusses ist die Quelle. Hier fließt Grundwasser aus der Erde heraus und der Fluss fließt flussabwärts, bis er entweder in einen Ozean oder See (Endsee) mündet. Mehr oder weniger viele Nebenflüsse münden in den Hauptfluss, bis dieser den Ozean oder den Binnensee erreicht. Unterirdisch fließendes Wasser zählt nicht zu den Flüssen, sondern zum Grundwasser. Bei künstlich angelegten Wasserwegen handelt es sich in der Regel um einen Kanal. Weiterhin unterscheidet man zwischen einem Dauer-Fluss, also ein Fluss, der ständig Wasser führt, und einem saisonalen Fluss, der nur zu bestimmten Zeiten Wasser führt (z. B. zur Schneeschmelze oder während der Regenzeit).

In den meisten Flüssen findet man Süßwasser. Welche Fische in Flüssen zu finden sind, hängt ab von

1. der Wassertemperatur,
2. dem Sauerstoffgehalt,
3. dem Nährstoffgehalt,
4. der Fließgeschwindigkeit und natürlich von
5. der Sauberkeit des Flusses.

Das fließende Wasser formt durch seine enorme Kraft die Landschaft. Gestein und anderes Material wird mitgeschwemmt und zum Teil am Ufer abgetragen. Dadurch entstehen Flussauen, die sehr vielen Pflanzen und Kleinstlebewesen Heimat bieten. Zudem sind sie ein natürlicher Hochwasserschutz, denn das Hochwasser kann in den Flussauen in Ruhe versickern. Zubetonierte Flächen verhindern dies, sodass Hochwasser entsteht, das viel mehr Schaden anrichten kann.
Muscheln filtern Nähr- und Schadstoffe aus dem Wasser und halten es dadurch sauber. Die Flussebenen werden unterteilt in den Oberlauf, den Mittellauf und den Unterlauf.

Der Bach

Der Bach zählt ebenfalls zu den Fließgewässern. Er ist kleiner als der Fluss. Eine klar definierte Abgrenzung gibt es allerdings nicht. Schiffbarkeit, Breite des Flusses, Strömungsgeschwindigkeit und Wassertiefe werden als Kriterien herangezogen. Es gibt Bäche, die ständig Wasser führen, aber auch solche, die zeitweise austrocknen. Es gibt den Gebirgsbach (stärkere Strömung durch das Gefälle, sauerstoffreich, steinige Gewässersohle, wenig Wasserpflanzen), den Mittelgebirgsbach (weniger Strömung durch geringeres Gefälle, kleinere Inseln oder Kiesbänke können entstehen, sehr viele Wasserlebewesen) und den Flachlandbach (gemächlich fließendes Wasser, nährstoffreich, sandige Gewässersohle, zahlreiche Wasserpflanzen).

Der Kanal

Der Kanal ist eine Wasserstraße, die vom Menschen gebaut wurde, also ein künstliches Fließgewässer.

Gewässersterben / Gewässerschutz

Durch die Begradigung von Flüssen und durch Bebauung von ursprünglichen Überflutungsflächen wie Flussausen hat der Mensch sehr in die Natur eingegriffen. Das Resultat ist, dass viele Pflanzen und Tiere vom Aussterben bedroht sind und die Artenvielfalt verloren geht. Auch die Gefahr von Hochwasser ist durch die Bebauung drastisch gestiegen. Mittlerweile wird durch Renaturierungsprogramme versucht, den Schaden wiedergutzumachen.

Der Weiher

Der Weiher ist ein Stillgewässer, das nicht sonderlich tief ist. Dadurch kann das Sonnenlicht bis auf den Grund fallen und ermöglicht so das Wachstum von vielen Pflanzen, auch höheren Wasserpflanzen. Oft ist der ganze Grund des Weihers von Wasserpflanzen bedeckt. Weiher können auch künstlich angelegt werden. Im Gegensatz zum Tümpel ist der Weiher relativ langlebig. Hier leben vorrangig kleinere Fischarten wie Stichling, Bitterling, Moderlieschen und Elritzen. Vor allem Wirbellose und Kleintiere finden rund um den Weiher optimale Lebensbedingungen. Dadurch ist die Artenvielfalt im und am Weiher größer als in einem Teich oder See.

Der Teich

Im Gegensatz zum Weiher ist der Teich ein künstlich angelegtes Stillgewässer mit in der Regel einem Zufluss und einem Abfluss.

Der Tümpel

Der Tümpel ist sowohl ein Flach- als auch ein Stillgewässer. Er kann auch nur saisonal Wasser führen.

Der See

Der See zählt ebenfalls zu den Stillgewässern. Im Gegensatz zum Weiher hat der See allerdings eine lichtlose Tiefenregion. Somit unterscheiden sich Weiher und See nicht in der Ausdehnung der Fläche, aber in ihrer Tiefe. Der See ist so tief, dass er eine Temperaturschichtung ausbilden kann, das heißt, die untere Schicht ist kälter als die obere Deckschicht. Flache Gewässer haben dagegen überall die gleiche Temperatur. Es gibt unterschiedliche Zonen in einem See, zum Beispiel die Verlandungszone, die Röhrichtzone, die Schwimmblattzone und Schwimm- und Unterwasserpflanzen.
Seen zählen zum Binnengewässer, da sie keine direkte Verbindung zum Meer haben. Das Wasser im See verdunstet und wird durch Niederschlag wieder gefüllt. Der See kann aber auch mit dem Grundwasser verbunden sein. Ebenso kann er durch Flüsse oder Bäche gefüllt werden oder es kann Wasser aus ihm ablaufen. In der Regel führt ein See Süßwasser. Es gibt aber auch ein paar Salzseen (allerdings nicht in Deutschland; z. B. den Rudolfsee in Kenia).

Lebewesen im Bach

Die größte Gruppe an Lebewesen in unseren heimischen Gewässern (außer dem Meer) bilden die Kleinstlebewesen, zu denen zum Beispiel die Bakterien zählen. Sie ernähren sich von Tierkadavern, Ausscheidungen und abgestorbenen Pflanzenteilen, welche wiederum erneut ausgeschieden und von anderen Kleinstlebewesen gefressen werden. Am Ende bleiben Mineralien (und andere anorganische Stoffe) übrig, die die Pflanzen für ihr Wachstum benötigen.

See und Meer

In der deutschen Sprache meint das Meer einen Teil eines der fünf Ozeane. In diesem gibt es ausschließlich Salzwasser. Ein See hingegen ist von Land umschlossen (Binnenwasser) und führt normalerweise Süßwasser. Je nach Region spricht man vom Meer auch als „die See“. Im Niederländischen ist das Meer ein Binnengewässer und die See ein Teil des Ozeans. Deshalb hat die Nordsee, die an die Niederlande anschließt, zwar das Wort „See“ im Namen, ist aber ein Meer.

Gründeln

Das sogenannte Gründeln lässt sich bei vielen Wasservögeln beobachten. Die Tiere tauchen dafür mit Kopf und Hals tief in das Wasser ein. An der Oberfläche sieht man dann nur noch das Hinterteil und die Füße. So suchen sie das Wasser und den Gewässergrund nach Nahrung ab. Schwäne können durch ihren langen Hals auch in etwas tieferem Gewässer noch gut Nahrung am Boden finden.

Die Entdeckerkarten (1)

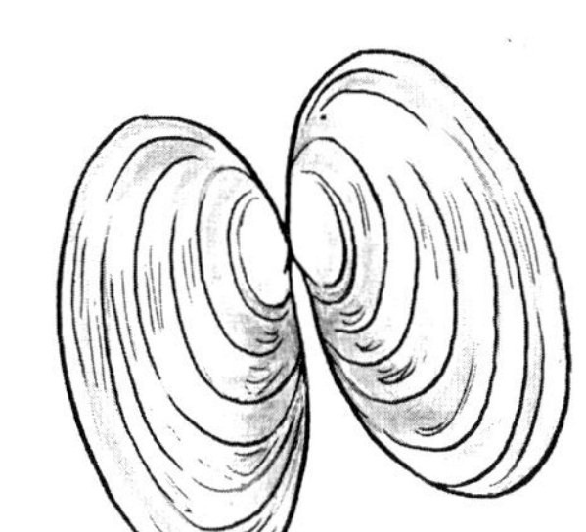

Teichmuschel: Die Teichmuschel lebt auf sandigen, weichen Böden im Teich. Dort frisst sie Algen und kleine Lebewesen. Sie filtert Schadstoffe aus dem Wasser und hilft so dabei, es sauber zu halten.

Fischreiher: Der Fischreiher stakt oft mit seinen langen Beinen durchs Wasser. Er frisst Fische, Frösche, Schlangen und Feldmäuse. Sein Nest baut er auf Bäumen. Er wird auch Graureiher genannt.

Blässhuhn: Das Blässhuhn findet man in stehenden oder langsam fließenden Gewässern. Es ist ein Allesfresser und kann nur schlecht fliegen. Manchmal baut es schwimmende Nester.

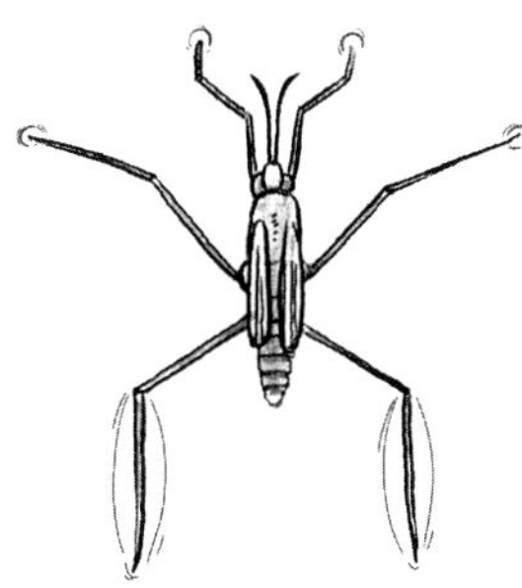

Wasserläufer: Wasserläufer leben an stehenden Gewässern. Sie laufen oder springen über das Wasser und fangen dort andere Insekten.

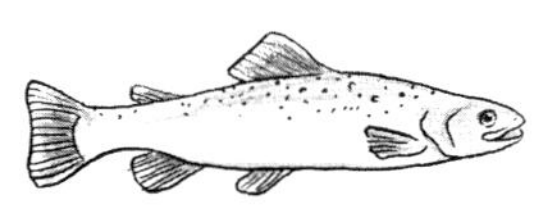

Bachforelle: Die Bachforelle mag schnell fließendes Süßwasser. Sie ist ein Raubfisch und frisst andere kleine Fische, Insekten und Schnecken. Sie ist lichtscheu und hält sich gern im Schatten auf.

Die Entdeckerkarten (2)

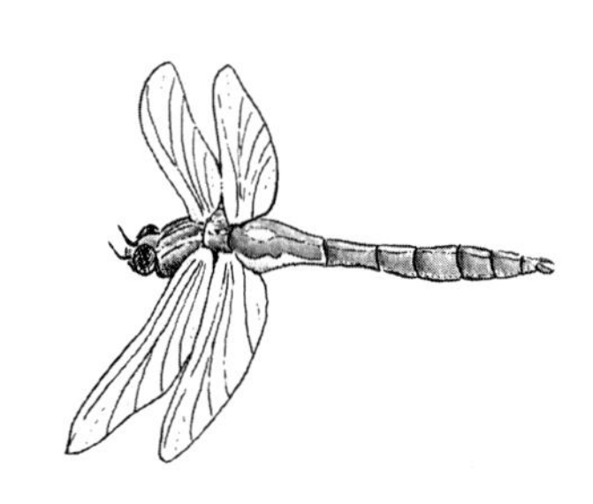

Libelle: Die Libelle ist an allen Gewässern zu finden. Sie kann bis zu 50 km / h schnell fliegen, in der Luft stehen bleiben und sogar rückwärts fliegen. Sie ist ein Raubinsekt und frisst Fliegen und Mücken.

Frosch: Frösche gehören zu den Amphibien, die sowohl an Land als auch im Wasser leben können. Mit ihrer langen, klebrigen Zunge fangen sie zum Beispiel Insekten und Würmer. Sie schlüpfen aus Eiern und leben zunächst als Kaulquappen, bis sie ausgewachsene Frösche sind.

Stockente: Die Stockente ist an nahezu allen Gewässern zu finden. Sie frisst Samen und Körner, aber auch Würmer und Insekten. Das Männchen heißt Erpel. Man erkennt es an seinem bunten Gefieder.

Graugans: Graugänse sind Zugvögel und leben an Süßwassergewässern. Sie fressen Gräser, Pflanzen und Wurzeln. Wenn sie einmal einen Partner gefunden haben, bleiben sie lebenslang bei ihm.

Storch: Der Storch lebt in Feuchtgebieten und frisst dort Insekten, Mäuse und Frösche. Sein Nest wird Horst genannt. Jedes Jahr kehrt er zu diesem zurück. Manchmal hört man ihn mit dem Schnabel klappern. Daher heißt er auch Klapperstorch.

Die Entdeckerkarten (3)

Schildkröte: Es gibt Wasser- und Landschildkröten. Schildkröten sind Allesfresser und gehören zu den Reptilien. Sie können über 100 Jahre alt werden. Im Winter fallen sie in eine Winterstarre.

Höckerschwan: Schwäne leben an Seen, Weihern und langsam fließenden Flüssen. Meist fressen sie Pflanzenteile, aber auch Schnecken, Muscheln, Fische und Frösche schmecken ihnen. Ihre Nester bauen sie oft schwimmend in Ufernähe.

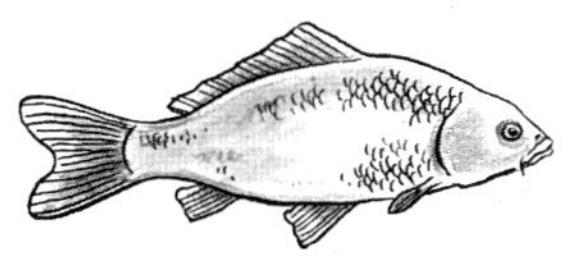

Karpfen: Der Karpfen mag warme, stehende oder langsam fließende Gewässer. Er frisst Bodentiere wie Larven, Würmer, Schnecken und Muscheln.

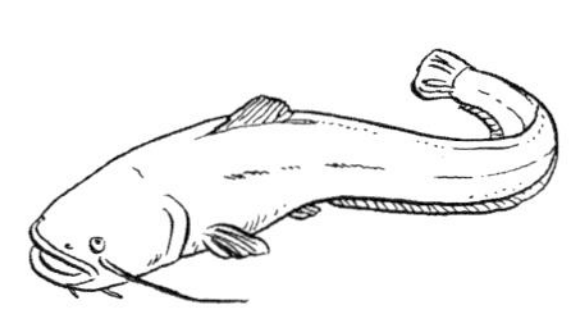

Wels: Der Wels lebt in warmen Seen oder tiefen, langsam fließenden Flüssen. Er ist ein Raubfisch und frisst Fische, Schnecken und Würmer. Große Welse erbeuten auch Frösche, Ratten, Mäuse und Wasservögel. Der Wels hat keine Schuppen, sondern ist von einer dicken Schleimschicht überzogen.

Groppe: Die Groppe ist ein schlechter Schwimmer und gehört deshalb zu den Bodenfischen. Sie lebt auf dem Grund von schnell fließenden Flüssen oder kalten Seen. Man findet sie nur in besonders sauberen Gewässern. Sie frisst Bodentiere wie Larven oder Kleinkrebse.

Die Entdeckerkarten (4)

Flussbarsch: Der Flussbarsch ist in fast allen Gewässern zu finden. Er frisst Larven, Würmer und Kleinkrebse. Manchmal verspeist er auch Fische.

Wasserschnecke: Wasserschnecken kommen in allen Gewässerarten vor. Sie können frei schwimmen, aber auch an der Wasseroberfläche entlangkriechen. Sie fressen Pflanzenreste und Laich. Wasserschnecken halten das Gewässer sauber, indem sie Stoffe aus dem Wasser filtern.

Ansaugspiel „Das Leben am Wasser“ (ab 3 Jahren)

Material:
Kopiervorlage „Entenküken“ (s. u.) und „Das Leben am Wasser“ (s. S. 12), Buntstifte, Schere, Laminiergerät und -folie, 1 Trinkhalm für jedes Kind

Vorbereitung:
Beide Vorlagen werden kopiert und ihren natürlichen Farben entsprechend angemalt. Anschließend wird die Vorlage „Entenküken“ ausgeschnitten. Beide Vorlagen werden zur besseren Haltbarkeit laminiert.

Spielanleitung:
Mit dem Trinkhalm wird das Küken angesaugt. Die Erzieherin gibt nun Anweisungen, wo das Kind das Küken ablegen soll, zum Beispiel:

- „Lasse das Küken im Wasser tauchen.“
- „Setze das Küken auf das Wasser.“
- „Setze das Küken in das Schilf.“
- „Setze das Küken neben einen Stein.“
- „Setze das Küken zwischen Gras und Schilf.“

Hinweis:
Wenn das Ansaugen mit dem Trinkhalm noch nicht gelingt, können die Kinder das Küken auch mit der Hand an die entsprechende Stelle setzen.

Kopiervorlage „Entenküken“

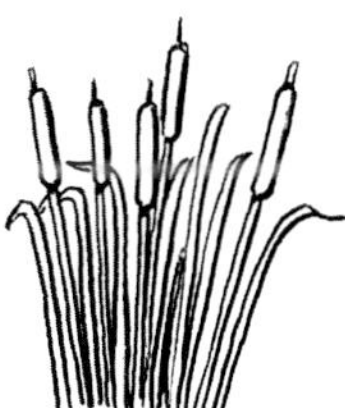

Kopiervorlage „Das Leben am Wasser“

Bildergeschichte „Der Fischreiher“ (ab 5 Jahre)

Material:
Kopiervorlage „Der Fischreiher“ (s. u.), Schere, Laminiergerät und -folie

Vorbereitung:
Die Vorlage wird kopiert und die einzelnen Bilder werden ausgeschnitten.
Anschließend werden die sechs Bilder einzeln laminiert.

Spielmöglichkeit:
Ein Kind sitzt mit der Erzieherin am Tisch. Gemeinsam betrachten sie die Bilder. Anschließend bekommt das Kind die Aufgabe, die Bilder in eine Reihenfolge zu legen und eine kleine Geschichte dazu zu erzählen. Es kann beschreiben, was auf den Bildern zu sehen ist, aber auch Überlegungen darüber anstellen, welches Bild wann an die Reihe kommt. Natürlich kann das Ganze sprachlich auch noch ausgeschmückt werden (je nach Alter und Entwicklungsstand des Kindes). Das Spiel kann auch mit zwei Kindern gespielt werden. Das ist allerdings etwas schwieriger, da die Kinder sich dann untereinander absprechen müssen, welches Bild wohl als Nächstes an die Reihe kommt und wie die Geschichte weitergeht.

Kopiervorlage „Der Fischreiher“

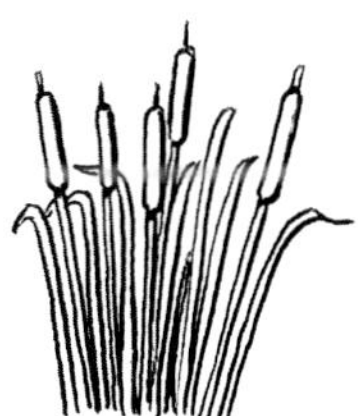

Ich sehe was, was du nicht siehst (ab 4 Jahren)

Material:
Entdeckerkarten (s. S. 7 – 10), Schere, Laminiergerät und -folie

Vorbereitung:
Die Entdeckerkarten werden kopiert, ausgeschnitten und laminiert.

Spielmöglichkeit:
Die Kinder sitzen im Kreis. Die Entdeckerkarten werden mit der Bildfläche nach oben im Kreis verteilt. Die Erzieherin gibt den Kindern kleine Rätsel auf. Sie sagt zum Beispiel: „Ich sehe was, was du nicht siehst und das …“ Beispiele: „… schlüpft aus einem Ei.“; „… hat Federn.“
Die Kinder, die eine Idee haben, um welches Tier es sich handelt, dürfen ihre Antwort laut rufen. Wer als Erster die richtige Antwort gerufen hat, darf als Nächster eine Rätselaufgabe stellen.

Fischreiher: Der Fischreiher stakt oft mit seinen langen Beinen durchs Wasser. Er frisst Fische, Frösche, Schlangen und Feldmäuse. Sein Nest baut er auf Bäumen. Er wird auch Graureiher genannt.

Gedicht „Herr Storch steht oben auf dem Haus“ (ab 2 Jahren)

Text	Spielmöglichkeit
Herr Storch steht oben auf dem Haus	*mit den Händen ein Dach über dem Kopf bilden*
und schaut weit in die Welt hinaus.	*Handfläche über die Augen legen und in die Ferne schauen*
Was machst du solch ein ernst‘ Gesicht	
du Stelzenfuß, du langer Wicht.	*Hände in die Hüfte stemmen und ernst schauen*
Wie ernst und langsam schreitet er	
nun auf dem Dache hin und her.	*auf der Stelle schreiten*
Bist du denn wohl ein kranker Mann,	
der nicht mehr hurtig gehen kann?	*Hände in die Hüfte stemmen und ernst schauen*
Nun steht er gar auf einem Bein	
und meint, es soll ein Kunststück sein.	*auf ein Bein stellen*
Herr Stelzenfuß, schau mir nur zu,	
gib acht, ich kann's so gut wie du!	*mit dem Zeigefinger auf die Brust tippen, weiterhin auf einem Bein stehen*
Nun fängt er noch zu klappern an	
und klappert, was er klappern kann.	*die Arme nach vorne ausstrecken und Handflächen aufeinander klappern lassen*
Du Schnabelmann, du Plappertasch,	
was plapperst du denn da so rasch?	*rasch klappern*
Herr Storch, ich kann dich nicht verstehn!	*die Hand hinter das Ohr legen und lauschen*
Da! Habt ihr ihn jetzt fliegen sehn?	*mit den Armen flattern*
Jetzt sucht er sich für seinen Tisch	*mit den Händen einen Kreis als Tisch vor dem Oberkörper andeuten*
ein Fröschlein oder einen Fisch.	*hungrig den Bauch reiben*

Text: Georg Christian Dieffenbach

BVK • Jenny Hütter: Kita aktiv „Projektmappe Bäche, Flüsse, Seen – Lebensraum für …“

Lied „Mmh macht der grüne Frosch“ (ab 2 Jahren)

Musik und Text: mündlich überliefert

Text	Spielmöglichkeit
Mh, mh macht der grüne Frosch im Teich, mh, mh macht der grüne Frosch. Mh, mh macht der grüne Frosch im Teich	*bei „Mh, mh“ die Handflächen im Takt aneinanderreiben*
und nicht quack, quack, quack quack, quack.	*die Hand geht wie ein Froschmaul auf und zu*
Und die Fische schwimmen schubidubidu, schubidubidu, schubidubidu. Die Fische schwimmen schubidubidu,	*bei „schubidubidu“ die Handflächen aneinanderlegen und wellenförmige Schwimmbewegung machen*
doch der kleine grüne Frosch macht mh, mh, mh, mh.	*bei mh, mh die Handflächen im Takt aneinanderreiben*
Mh, mh macht der grüne Frosch im Teich, mh, mh macht der grüne Frosch. Mh, mh macht der grüne Frosch im Teich	*bei „Mh, mh“ die Handflächen im Takt aneinanderreiben*
und nicht quack, quack, quack quack, quack.	*die Hand geht wie ein Froschmaul auf und zu*

Und die Krebse zwicken zwicke zwi-zwack: *sich selbst leicht in den Arm zwicken*
Und die Mücken fliegen sumsesisum: *Daumen und Zeigefinger aneinanderlegen und durch die Luft sausen lassen*
Und die Störche klappern klapper-di-klapp: *die Arme lang nach vorne ausstrecken und wie einen Storchenschnabel auf- und zuklappen lassen*

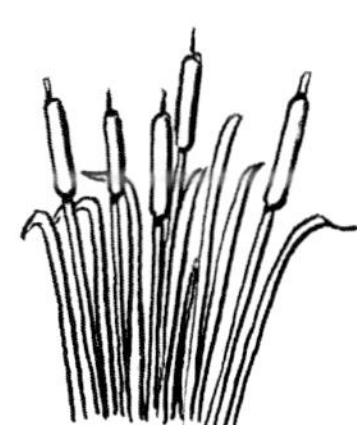

Lied „5 kleine Fische“ (ab 2 Jahren)

Text und Melodie: traditionell

Text	Spielmöglichkeit
5 kleine Fische	*5 Finger in die Höhe halten*
die schwammen im Meer	*die Handflächen aneinanderlegen und schwimmende Bewegungen machen*
blub blub blub blub.	*im Takt auf die Oberschenkel patschen*
Da sprach die Mutter: Ich warne euch sehr!	*den Zeigefinger warnend hochhalten*
Blub blub blub blub.	*im Takt auf die Oberschenkel patschen*
Ich wär' viel lieber in 'nem kleinen Teich,	*mit den Armen einen Kreis vor dem Oberkörper bilden*
denn im Meer gibt es Haie und die fressen euch gleich.	*die Hände als Haifischflosse über den Kopf; mit ausgestreckten Armen das Fressen andeuten*
Blub blub blub blub …	*im Takt auf die Oberschenkel patschen*

Als Nächstes mit 4 Fischen, drei Fischen usw.

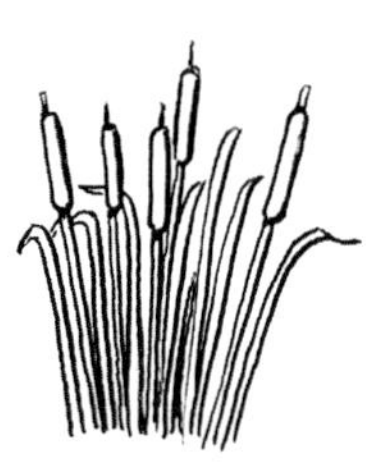

BVK • Jenny Hütter: Kita aktiv „Projektmappe Bäche, Flüsse, Seen – Lebensraum für Tiere und Pflanzen“

Der Ententanz (ab 3 Jahren)

Material:
CD-Player, Lied „Der Ententanz“ von Thomas Werner (z. B. auf der CD „Die 60 besten Kinderlieder Vol. 2 – Partylieder“ von Familie Sonntag)

Tanzbeschreibung:
Das Lied kann sowohl im Kreis als auch in Reihen stehend getanzt werden. Es startet mit einem kurzen Einleitungsteil, bei dem sich jeder frei zur Musik bewegen darf.

Dann geht es los:
1. Teil: Die Hände bilden einen Entenschnabel, der auf- und zugeklappt wird.
2. Teil: Die Arme werden angewinkelt und flattern, als wären sie Flügel.
3. Teil: Die Knie werden gebeugt und die Arme angewinkelt. Die Hüfte wird im Takt nach rechts und links bewegt, dabei gehen die Kinder in die Kniebeuge.
4. Teil: Es wird viermal geklatscht.

Teil 1 bis 4 werden viermal wiederholt.
Danach folgt der „Polka-Teil“. Dazu stellen sich die Kinder mit einem Partner zusammen, indem jedes Kind in die entgegengesetzte Richtung schaut. Die Ellbogen werden ineinander verhakt. Dazu wird im Kreis getanzt.
Dann geht der Tanz wieder von vorne los!

Hinweis:
Der Tanz eignet sich gut als Vorführung auf Feiern mit den Eltern, aber auch als Mitmachaktion im Morgenkreis.

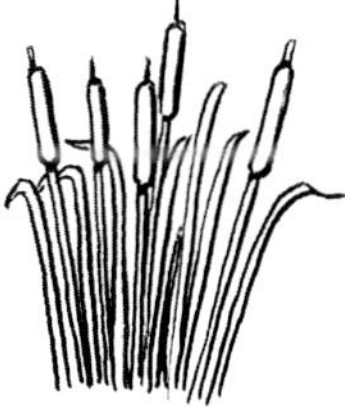

Die Seerose (ab 3 Jahren)

Material:
Kopiervorlage „Seerose“ (s. u.), mehrere Bögen Tonpapier in beliebiger Farbe, Bleistift, Schere, 1 Schüssel mit Wasser, evtl. wasserfeste Filzstifte oder ein Passbild des bastelnden Kindes, Kleber

Arbeitsanleitung:
Die Vorlage „Seerose“ wird hochkopiert und auf das Tonpapier übertragen. Die Seerose wird mit der Schere ausgeschnitten. In die Mitte kann das Kind mit den Filzstiften ein kleines Bild malen oder es klebt ein Passbild von sich hinein. Die Blütenblätter werden dann zur Mitte hin zugeklappt, sodass das Bild nicht mehr zu sehen ist.
Die Kinder können die Seerose als kleine Überraschung für ihre Eltern mit nach Hause nehmen. Zu Hause wird die Seerose in eine Schüssel mit Wasser gelegt und es wird beobachtet, was mit der Seerose passiert. Die Erzieherin fragt die Kinder am nächsten Tag, zum Beispiel im Morgenkreis, was sie beobachten konnten, und kommt mit ihnen darüber ins Gespräch.

Kopiervorlage „Seerose“

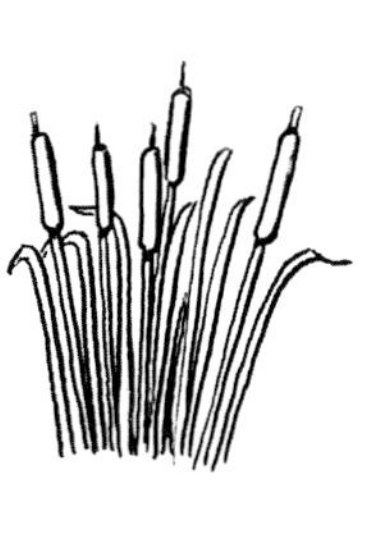

Ein Floß bauen (ab 4 Jahre)

Material:
Kopiervorlage „Segel“ (s. u.), Bleistift, 3 Korken, dünne Kordel (pro Floß etwa 40 cm lang), Schere, 3 Zahnstocher, einige Bögen Tonpapier in beliebiger Farbe, 1 Handbohrer

Arbeitsanleitung:
Zwei Zahnstocher werden halbiert. Mit dem Handbohrer werden Löcher in die Korken gebohrt, die halb so tief sind wie ein Zahnstocher (s. Zeichnung, etwa 1,5 cm tief). Die Zahnstocher werden in die Löcher der Korken gesteckt und diese dadurch miteinander verbunden. Dabei sollte darauf geachtet werden, dass die Korken möglichst eng aneinanderliegen. Der dritte Zahnstocher wird als „Mast“ mittig auf das Floss gesteckt. Auch hier muss mit dem Handbohrer das Loch vorgebohrt werden – am besten, bevor alle drei Korken zusammengesteckt werden.
Die Vorlage „Segel“ wird kopiert und mit dem Bleistift auf das Tonpapier übertragen. Dieses wird ebenfalls ausgeschnitten. Dann wird das Segel am „Mast“ befestigt, indem es zweimal mit dem Zahnstocher durchstochen wird (s. Zeichnung).
Die Kordel wird halbiert und anschließend am unteren und am oberen Drittel des Floßes zweimal um die Korken gewickelt. Dann wird sie mit einem Doppelknoten geschlossen.

Das Floß kann auf Pfützen, auf einem künstlich angelegten Fluss (s. S. 28) oder auf nahegelegenen Bächen fahren gelassen werden.
Achtung: Lassen Sie die Kinder in der Nähe von Gewässern niemals aus den Augen!

Kopiervorlage „Segel“

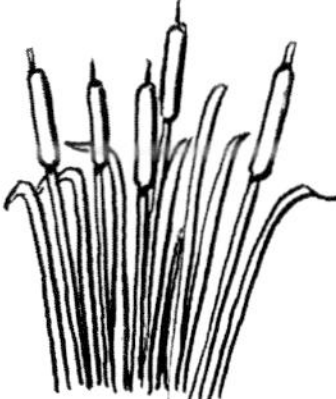

Küken füttern (ab 3 Jahren, Spielmöglichkeit ab 1 Jahr)

Material:
pro Bastelarbeit: Kopiervorlage „Küken“ (s. u.), 1 saubere Dose mit Plastikdeckel (z. B. Cappuccino-Dose), gelbe Acrylfarbe (je nach Material der Dose kann auch einfache Fingerfarbe verwendet werden, auf beschichteten Dosen benötigt man Acrylfarbe), 2 Wackelaugen, Tonkarton in Orange und Gelb, Pinsel, Bleistift, Schere, Kleber, Prickelnadel, 1 Materialschälchen mit Knöpfen, ggf. 1 Zahlenwürfel

Arbeitsanleitung:
Die Dose wird mit der gelben (Acryl-)Farbe angemalt. Anschließend muss sie gut trocknen. In der Zwischenzeit wird die Vorlage „Küken“ kopiert und ausgeschnitten. Die Federn werden auf den gelben, Schnabel und Füße auf den orangefarbenen Tonkarton übertragen. Von den „Federn“ sollten mehrere angefertigt werden. Dann wird alles ausgeschnitten.
Der Entenschnabel wird in der Mitte gefaltet. Entenschnabel, Entenfüße, Wackelaugen und die Federn werden, wie auf der Abbildung zu sehen, angeklebt. In den Deckel der Dose wird ein kleiner Kreuzschlitz gemacht. Das gelingt am besten, wenn man mit der Prickelnadel mehrere Löcher dicht nebeneinandersetzt und diese dann mit der Schere aufschlitzt. Dies sollte allerdings die Erzieherin machen. Der Schlitz darf nur so groß sein, dass ein Knopf gerade eben hindurchpasst.

Spielmöglichkeit für unter 3-Jährige:
Die Knöpfe werden mit leichtem Druck durch den Schlitz gesteckt.

Spielmöglichkeit ab 3 Jahre:
Es werden zwei Entendosen angefertigt. Jedes Kind stellt eine Dose vor sich. Die Knöpfe stehen in der Mitte. Abwechselnd wird nun gewürfelt und das jeweilige Kind gibt die entsprechende Anzahl an Knöpfen in seine Dose. Ist das Materialschälchen mit den Knöpfen leer, so öffnen die Kinder ihre Entendose und zählen die darin liegenden Knöpfe. Wer konnte sein Küken mit mehr Knöpfen füttern?

Kopiervorlage „Küken“

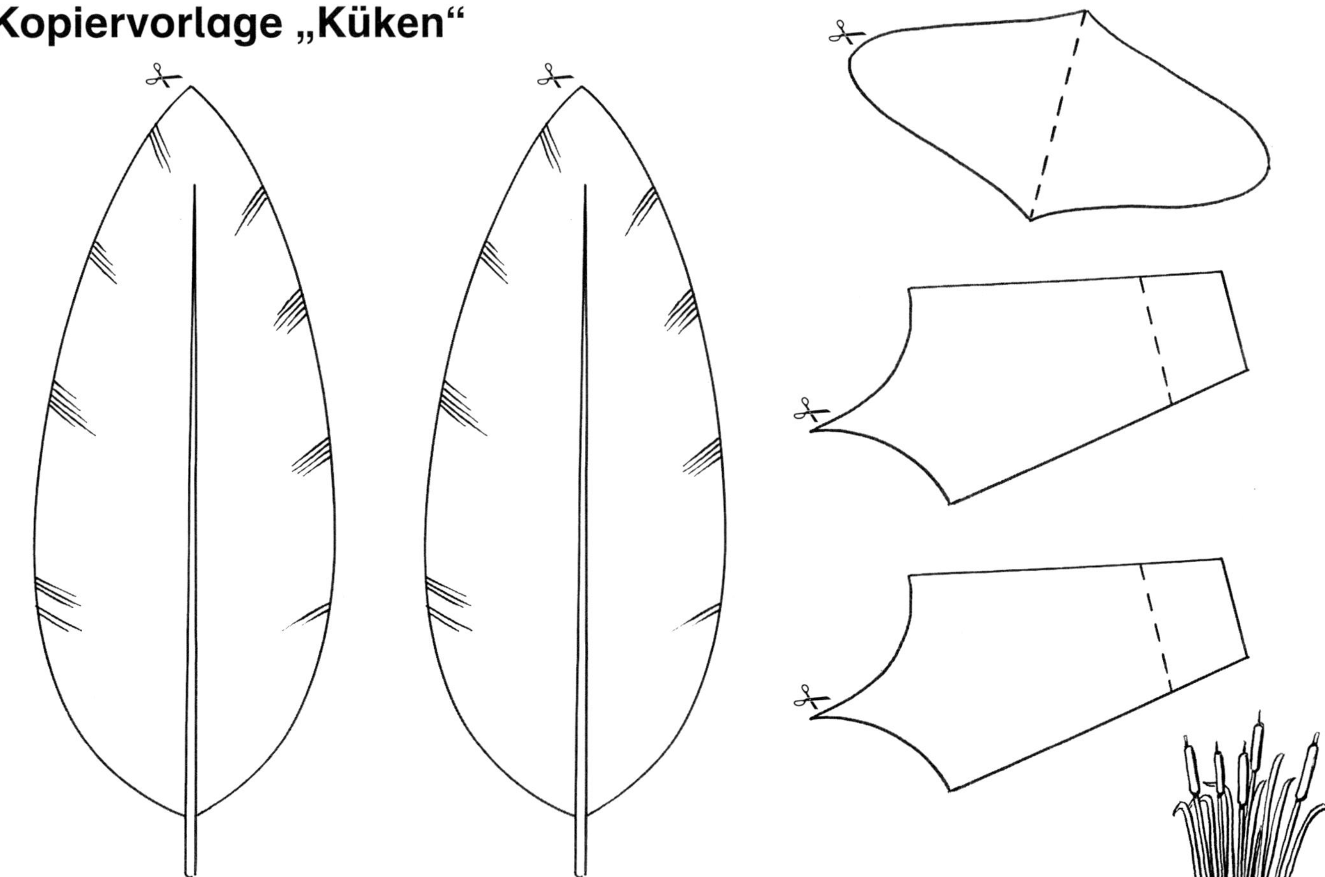

Froschspiel (ab 3 Jahren)

Material:
pro Frosch: Kopiervorlage „Frosch“ (s. u.), 1 Küchen- oder Toilettenpapierrolle, grüne und rote Fingerfarbe, Pinsel, 1 Becher mit Wasser, Tacker, 2 Wackelaugen, grüner Tonkarton, 1 Stück Schnur (15 cm lang), 1 runde Holzperle, Schere, Bleistift, Kleber, Klebestreifen, 1 Maßband oder Lineal

Arbeitsanleitung:
Die Papierrolle wird mit der Schere auf etwa 5 – 10 cm gekürzt. Dann wird die Rolle von innen mit roter Farbe bemalt. Nach dem Trocknen wird sie von außen grün angemalt und muss dann erneut trocknen. In der Zwischenzeit wird die Vorlage „Frosch“ kopiert, ausgeschnitten und mit dem Bleistift auf grünen Tonkarton übertragen. Dieser wird ebenfalls ausgeschnitten. Das Ende der Papprolle wird zusammengedrückt und festgetackert, dabei werden die Beine direkt mit befestigt. Die Arme werden weiter vorne am unteren Teil der Rolle mit dem Tacker befestigt. Wer nicht tackern möchte, kann beide Arbeitsschritte auch mit Kleber vollziehen. Die Wackelaugen werden angeklebt (s. Zeichnung). Die Schnur wird auf etwa 15 cm gekürzt. Je länger die Schnur ist, desto schwieriger ist nachher das Spiel. Das eine Ende wird mit einem Stück Klebestreifen im Mundraum des Frosches befestigt. An das andere Ende der Schnur wird die Holzperle (als Mücke) geknotet. Die Perle kann ggf. mit etwas Kleber fixiert werden.

Spielmöglichkeit:
Die „Mücke“ an der Schnur wird hochgeworfen. Der Frosch versucht, sie mit seinem Maul zu schnappen.

Kopiervorlage „Frosch“

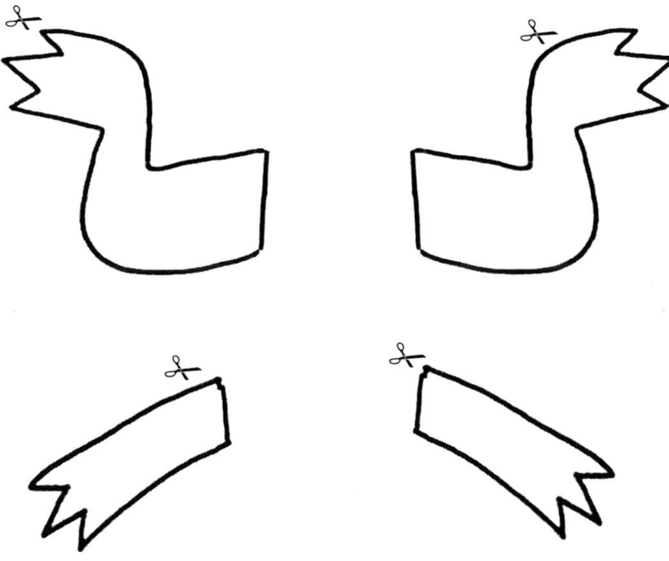

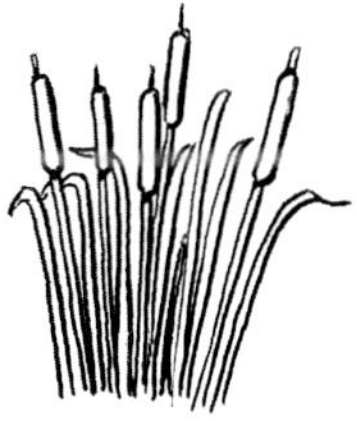

Einen Perlenfisch basteln (ab 4 Jahren)

Material:
pro Perlenfisch: 1 langer Pfeifenputzer (50 cm; sind nur die kürzeren Pfeifenputzer vorhanden, können auch 2 – 3 Stück aneinandergezwirbelt werden), Schnur, viele Perlen, Schere, Foto

Vorbereitung:
Der Pfeifenputzer wird zu einem Fisch gebogen. Zeigen Sie den Kindern dazu das Foto unten. Bei jüngeren Kindern übernimmt die Erzieherin ggf. diese Aufgabe. Das überlappende Stück an der Schwanzflosse wird verzwirbelt. Von der Schnur wird ein etwa 15 cm langes Stück abgeschnitten und am oberen Teil des Fisches festgeknotet. Die Kinder dürfen nun Perlen in beliebigen Farben an der Schnur auffädeln. Anschließend wird das Schnurende am unteren Teil des Fisches festgeknotet. Die Perlenschnur sollte einigermaßen straff gespannt sein. So wird mit zwei weiteren Schnüren und Perlen verfahren. Auch auf die Schwanzflosse des Fischs können Perlen aufgefädelt werden (s. Foto).
Die Fische können gut am Fenster oder an der Decke als Raumdekoration aufgehängt werden.

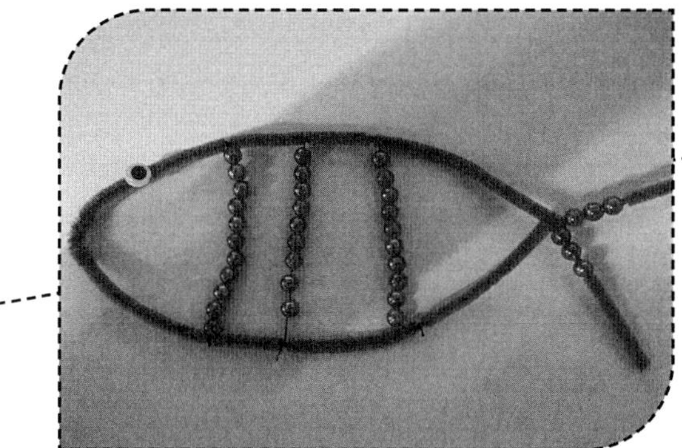

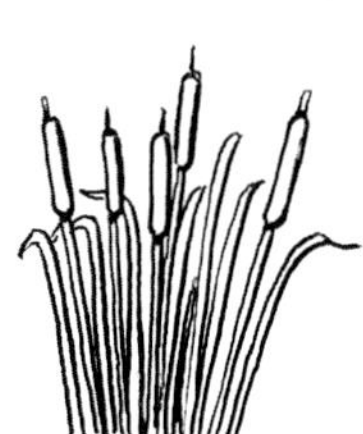

Eine Libelle basteln (ab 4 Jahren)

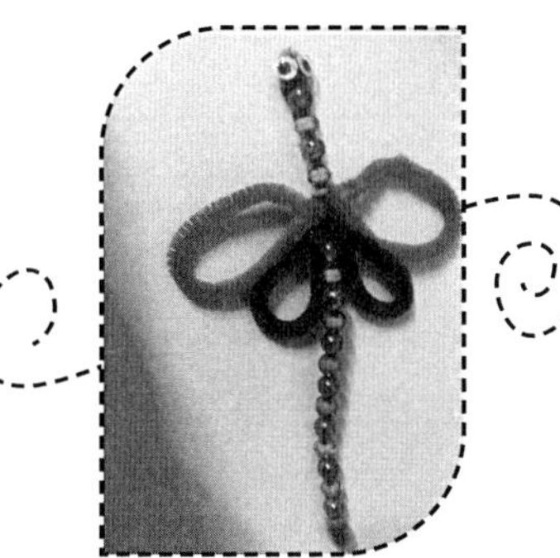

Material:
pro Libelle: 3 Pfeifenputzer in beliebigen Farben, Schere, kleine Perlen zum Auffädeln (entweder einfarbig oder bunt), 2 kleine Wackelaugen, ggf. Faden zum Aufhängen

Arbeitsanleitung:
Ein Pfeifenputzer wird auf etwa 25 cm zurechtgeschnitten. Das Ende wird umgebogen und so verzwirbelt, dass die Perlen nachher nicht herunterrutschen. Die Perlen werden bis etwa zur Hälfte aufgefädelt.
Aus den anderen beiden Pfeifenputzern entstehen die Flügelpaare. Das erste Stück wird auf 20 cm, das zweite auf 30 cm gekürzt.
Der kürzere Pfeifenputzer wird zu einem Ring gebogen und die Enden werden miteinander verdreht.
Der Libellenkörper wird bis zu der Stelle durch den Ring gezogen, an der die Perlen enden.
Der Ring wird in der Mitte zusammengedrückt, sodass rechts und links die Flügelpaare entstehen.
Das sieht wie eine Acht aus. Das Flügelpaar wird so am Libellenkörper miteinander verdreht, dass es nicht mehr herunterrutscht. So wird auch mit dem anderen Pfeifenputzer verfahren.
So erhält man das zweite, größere Flügelpaar. Nun werden weitere Perlen bis etwa 5 cm vor dem Ende des Pfeifenputzers aufgefädelt. Das Endstück wird umgebogen und verzwirbelt, sodass die Perlen nicht herunterrutschen. Die beiden Wackelaugen werden nebeneinander aufgeklebt (s. Foto).
Die Libellen können gut an einem Faden im Gruppenraum aufgehängt werden.

BVK • Jenny Hütter: Kita aktiv „Projektmappe Bäche, Flüsse, Seen – Lebensraum für ...“

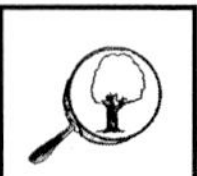

Im Teich oder am Teich? Wo leben die Tiere? (ab 4 Jahren)

Material:
Entdeckerkarten (s. S. 7 – 10), Kopiervorlage „Das Leben am Wasser“ (s. S. 12), Buntstifte, Schere, Kleber

Vorbereitung:
Die Entdeckerkarten werden kopiert.

Arbeitsanleitung:
Die beiden Vorlagen werden kopiert. Die Vorlage „Das Leben am Wasser“ wird dabei hochkopiert und anschließend angemalt. Dann werden die Entdeckerkarten ausgeschnitten.
Nun wird überlegt: Gehört das Tier in das Wasser? Oder ist es auf dem Wasser bzw. an seinem Ufer zu finden? Dementsprechend werden die Karten aufgeklebt.
Das Bild kann im Gruppenraum aufgehängt werden und als **Gesprächsanlass** über das Leben am Teich dienen.

Beispiele:
- Alle Fische: Welche Fische kennst du schon? Was weißt du über Fische? Wie atmen sie? Was haben sie für eine „Haut“? Was fressen Fische? Wie bewegen sie sich?
- Alles, was fliegen kann: Welche Tiere siehst du am Teich, Bach, See oder Fluss, die fliegen können? Was fressen diese Tiere? Was weißt du über diese Tiere? Wo und wie bekommen diese Tiere ihre Kinder? Legen sie Eier, bauen sie Nester? Warum haben die Vögel Federn?
- Tiere, die am und im Wasser leben: Welche Tiere, außer den Fischen, können noch im Wasser leben? Gibt es dabei auch Tiere, die du sowohl im Wasser als auch an Land sehen kannst? Was fressen diese Tiere? Wie bewegen sie sich fort?

Hinweis:
Das Bild kann in Einzelarbeit oder als Gruppenarbeit angeboten werden. Dabei müssen nicht unbedingt alle Entdeckerkarten einbezogen werden. Je nachdem, welche Tiere gerade besprochen, welche Experimente oder welche Bastelarbeiten gemacht wurden, kann eine entsprechende Auswahl herausgenommen und intensiver besprochen werden.

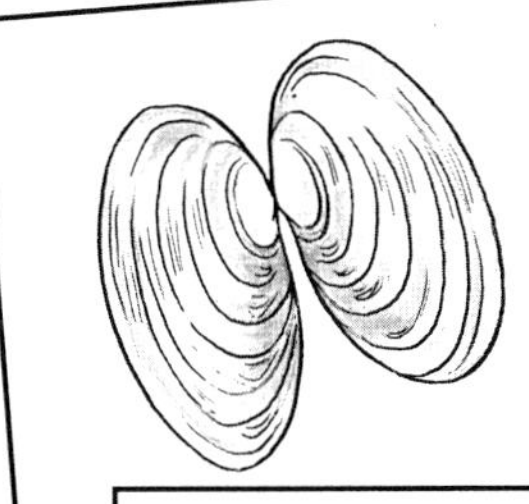

Teichmuschel: Die Teichmuschel lebt auf sandigen, weichen Böden im Teich. Dort frisst sie Algen und kleine Lebewesen. Sie filtert Schadstoffe aus dem Wasser und hilft so dabei, es sauber zu halten.

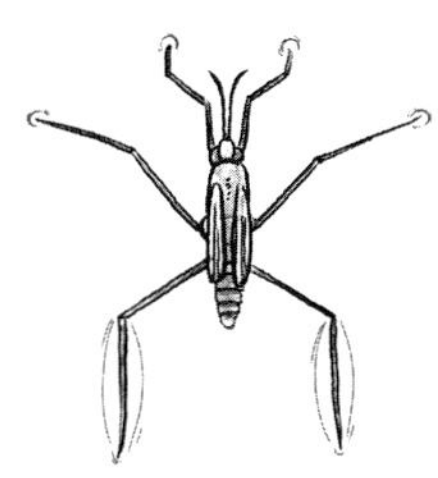

Wasserläufer: Wasserläufer leben an stehenden Gewässern. Sie laufen oder springen über das Wasser und fangen dort andere Insekten.

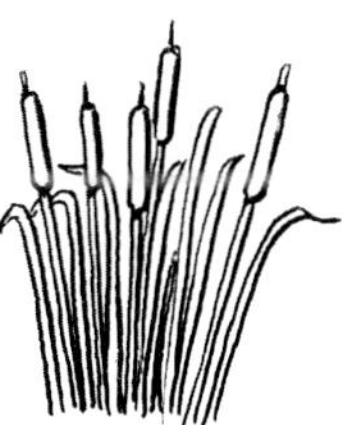

Was gehört ins Wasser? (ab 4 Jahren)

Material:
Kopiervorlage „Wasser“ (s. u.), 1 Planschbecken oder 1 Wanne (einige Zentimeter mit Wasser gefüllt), 1 Sieb, 15 leere Ü-Ei-Kapseln, Schere, Buntstifte, Laminiergerät und -folie

Vorbereitung:
Die Vorlage wird kopiert. Die einzelnen Bilder werden ausgeschnitten und bunt angemalt. Anschließend werden die Bilder laminiert.

Spielanleitung (für 2 – 6 Spieler):
Jedes Bild wird in eine U-Ei-Kapsel gesteckt. Diese werden verschlossen und in das Planschbecken / die Wanne geworfen. Nun ist jedes Kind reihum dran. Das erste Kind bekommt das Sieb und sammelt damit ein Ü-Ei ein. Dann schaut es, welches Bild in der Kapsel ist, und benennt es. Es überlegt dann, ob das Tier / der Gegenstand ins / ans / zum Wasser gehört oder nicht. Gehört es ins Wasser, dann darf es die Kapsel mit dem Bild neben sich ablegen. Gehört es nicht ins Wasser, so wird die Kapsel wieder verschlossen und zurück ins Wasser geworfen. Nun ist das nächste Kind an der Reihe. Nach fünf Runden wird gezählt, wie viele Kapseln jedes Kind hat. Wer die meisten Kapseln erbeuten konnte, ist Sieger des Spiels. Je nach Alter und Entwicklungsstand der Spieler kann die Anzahl der zu spielenden Runden auch erhöht werden.

Hinweis:
Eine weitere Kopie der Vorlage „Wasser“ kann vergrößert als Arbeitsblatt für die Kinder genutzt werden. Die Aufgabe lautet dann: Male alle Dinge und Tiere an, die am, im oder auf dem Wasser leben.

Kopiervorlage „Wasser“:

Dem Wasserläufer auf der Spur (ab 4 Jahren)

Material:
Entdeckerkarte „Wasserläufer" (s. S. 7), 1 Glas mit Wasser, 2 Büroklammern, ggf. etwas Spülmittel, ggf. 1 Papiertaschentuch, 1 Handtuch

Arbeitsanleitung:
Das Glas wird mit Wasser gefüllt. Die Erzieherin lässt die Kinder Vermutungen darüber anstellen, was passiert, wenn man eine Büroklammer ins Wasser gibt (sie geht unter). Das darf natürlich auch ausprobiert werden. Als Nächstes zeigt die Erzieherin die Entdeckerkarte „Wasserläufer" und lässt die Kinder erzählen, was sie auf dem Bild sehen. Der Wasserläufer kann mit seinen dünnen Beinen auf der Wasseroberfläche bleiben, er taucht nicht ins Wasser hinein. Das Prinzip wird jetzt mit der zweiten Büroklammer untersucht. Die Erzieherin legt diese vorsichtig auf die Wasseroberfläche. Die Büroklammer schwimmt nun auf dem Wasser.

Wichtig: Nicht aufgeben, wenn es einmal nicht klappt. Die Büroklammer muss wirklich sehr vorsichtig aufgelegt werden, damit die Oberflächenspannung des Wassers nicht durchbrochen wird (dann geht die Büroklammer unter).

Hinweis:
Dies ist das physikalische Experiment der Oberflächenspannung. Die Wassermoleküle ziehen sich gegenseitig an, von oben, unten, rechts und links. An der Wasseroberfläche ziehen die Moleküle aber nur von unten und seitlich. Somit ist die oberste Wasserschicht besonders stabil und im Prinzip wie eine Haut, auf der die Büroklammer oder auch der Wasserläufer aufliegen können. Wenn man genau hinsieht, erkennt man, dass die Büroklammer und auch die Beine des Wasserläufers ein wenig in die „Wasserhaut" einsinken. Durchstößt man nun aber – zum Beispiel mit dem Finger – die Wasseroberfläche, so wird die Oberflächenspannung zerstört und die Büroklammer geht unter. Dasselbe passiert, wenn man beispielsweise einen Tropfen Spülmittel ins Wasser gibt. Die Seifenmoleküle zerstören die Oberflächenspannung. Auch das kann mit den Kindern ausprobiert werden.

Tipp: Wenn die Büroklammer immer untergeht, kann diese auf ein Stück Papiertaschentuch gegeben und dann auf das Wasser aufgelegt werden. Das Papier saugt sich mit Wasser voll und geht unter, die Büroklammer bleibt aber liegen.

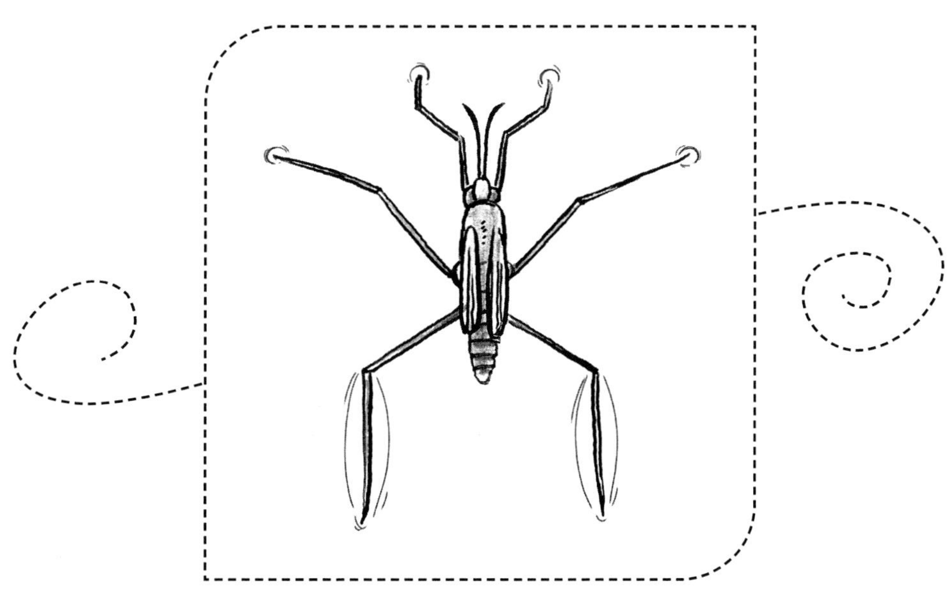

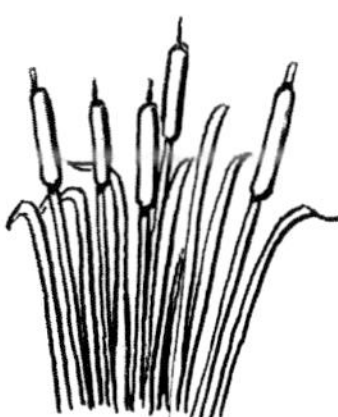

Wasser filtern wie die Teichmuschel (ab 5 Jahren)

Material:
1 leere PET-Flasche, 1 Behälter mit Wasser, etwas Erde, 1 Kaffeefilter, eine Handvoll Sand, 1 Handvoll Kies, 1 Messer, 1 Messbecher, 1 Löffel, 3 - 4 leere und saubere Schraubgläser

Durchführung:
Etwas Erde wird in den mit Wasser gefüllten Behälter gegeben und alles gut vermengt.
Mit dem Messer wird der Boden der Flasche abgeschnitten.
Dabei sollte die Seite mit der Öffnung etwas höher als der Kaffeefilter sein. Der obere Teil der leeren Flasche wird verkehrt herum in den Messbecher gestellt.
Als Erstes wird nun der Kaffeefilter so in die Flasche gelegt, dass dieser die Seite mit dem Verschluss gut abdeckt. In den Filter kommt nun eine Sandschicht (etwa 3 cm hoch). Als Nächstes wird auf den Sand eine Kiesschicht (etwa 5 cm hoch) gestreut.

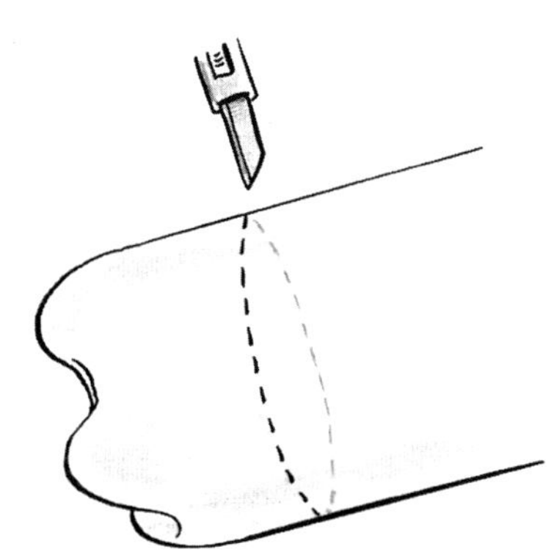

Jetzt wird vorsichtig der Flaschendeckel abgeschraubt und die Flasche wieder in den Messbecher gestellt.
Nun wird das schmutzige Wasser langsam in den Filter gegossen. Dabei sollte darauf geachtet werden, dass das schmutzige Wasser nicht über den Filter läuft, da sonst das Wasser nicht gefiltert wird.
Die Kinder können beobachten, wie das Wasser durch die verschiedenen Schichten läuft und unten gefiltert wieder herauskommt.
Je nach Verschmutzungsgrad muss das Wasser mehrmals gefiltert werden.
Tipp: Bewahren Sie nach jedem Filtervorgang etwas Wasser in einem leeren Schraubglas auf.
So können die Kinder gut vergleichen, wie das Wasser nach und nach klarer wird.

Hinweis:
Dieses Experiment eignet sich gut, um mit den Kindern über das Thema Umweltschutz ins Gespräch zu kommen. Schmutzwasser zu reinigen ist, je nach Art der Verschmutzung, sehr aufwändig und anspruchsvoll. Es gibt aber auch Schadstoffe, die sich leider nicht herausfiltern lassen. Was kann jeder von uns tun, damit wir kein Wasser verschwenden?

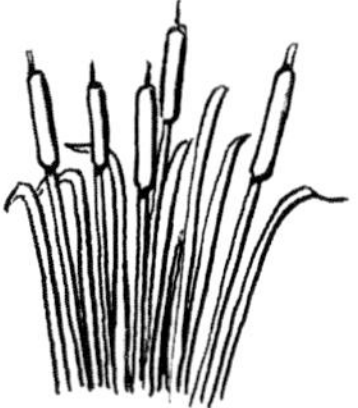

Der Garten im Glas (ab 4 Jahren)

Material:
pro Garten im Glas: 1 (großes) Einmachglas, 1 kleine Pflanze, 1 Handvoll Kieselsteine, etwas Blumenerde, Klarsichtfolie, Gummiband, 1 kleine Gießkanne mit Wasser

Arbeitsanleitung:
Die Kieselsteine werden in das Glas gefüllt, sodass eine ca. 2 cm hohe Steinschicht im Glas ist. Als Nächstes wird das Glas mit Blumenerde gefüllt und zwar so viel, dass das Glas nicht ganz zur Hälfte gefüllt ist.
Nun wird mit der Hand ein Loch in die Blumenerde gedrückt und die Pflanze eingepflanzt. Die Erde wird leicht angedrückt und die Pflanze vorsichtig mit Wasser gegossen. Achten Sie darauf, dass kein Wasser am Glasboden sichtbar ist.
Als Nächstes wird die Klarsichtfolie über die Glasöffnung gespannt und mit dem Gummiband am Glasrand fixiert.
Das Glas sollte an einem hellen, nicht zu sonnigen Ort aufgestellt werden.

Hinweis:
Das Wasser im Glas verdunstet, die entstandenen Dunsttropfen setzen sich zunächst an der Folie und am Glasrand ab. Achtung: Beschlägt das Glas zu stark, ist es zu feucht. Dann sollte das Glas für 24 Stunden geöffnet werden, damit die überschüssige Feuchtigkeit abziehen kann.
Irgendwann fallen die Dunsttropfen als Regen wieder auf die Pflanze. So entsteht ein Vorgang, an dem die Kinder sehr schön den Wasserkreislauf beobachten können.

Aufbauend dazu kann man mit den Kindern über das Thema Klimaerwärmung / Umweltschutz ins Gespräch kommen:

- Was passiert eigentlich, wenn es immer wärmer wird, vor allem, wenn wir an die kalten Gebiete wie Nordpol oder Südpol denken?
- Was bewirkt Klimaerwärmung dort, wo viel Schnee liegt? Wo geht das ganze Wasser hin, wenn die Gletscher immer weiter schmelzen?
- Das geschmolzene Gletscherwasser fließt in die Ozeane, deshalb steigt deren Wasserspiegel an. Was passiert dann auf der ganzen Welt? Schauen Sie sich dazu mit den Kindern einen Globus an, sodass die Kinder anschaulich sehen können, dass der Anstieg der Meeresspiegel Auswirkungen auf die ganze Welt hat.

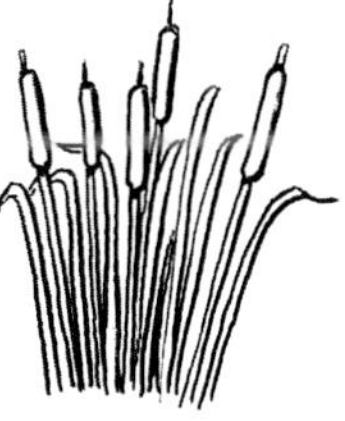

Einen künstlichen Fluss anlegen (ab 4 Jahren)

Material:
1 großer, reißfester Müllbeutel, Schere, Sandkasten, einige Steine, einige Gießkannen, Wasser, kleine Schaufeln
zusätzlich für die weiterführenden Ideen: das selbstgebaute Floß (s. S. 19) oder ein Faltschiff, kleine Äste und Steine

Arbeitsanleitung:
Der Müllbeutel wird auseinandergeschnitten, sodass eine Plane entsteht. Je nach Sandkastengröße wird der Beutel mit der Schere kleiner oder schmaler geschnitten. Bei einem großen Sandkasten kann man den Beutel in der Größe belassen. Mit den Schaufeln wird ein Graben ausgehoben, der etwas kleiner ist als der Müllbeutel. Dieser sollte etwa 10 cm tief sein. Mit der Plane wird der Graben ausgelegt und an den Rändern mit den Steinen beschwert.
Nun werden die Gießkannen mit Wasser gefüllt und im Fluss entleert. Je nach Flussgröße benötigt man mehrere Gießkannenladungen. Nach der ersten Wasserladung sollte genau geschaut werden, ob es eine Stelle gibt, an der das Wasser hinauslaufen kann. Dort muss dann nachgebessert werden, damit das Wasser nicht aus der Plane fließt. Lassen Sie dazu die Kinder Überlegungen anstellen, was verändert werden muss, damit das Wasser im Fluss bleibt.

Weiterführende Ideen:
1. Das Floß (s. S. 19) oder ein gefaltetes Papierschiff kann auf den Fluss gesetzt werden. Nun können die Kinder überlegen und ausprobieren: Was kann man machen, damit das Schiff vorwärtsfährt? (z. B. mit der Hand Wellen machen oder das Floß / Schiff vorwärtsschieben, mit der Gießkanne direkt hinter dem Schiff Wasser eingießen, sodass das Schiff in eine Vorwärtsbewegung kommt usw.).
2. Aus Steinen und Ästen kann ein Staudamm gebaut werden wie bei den Bibern.

Hinweis:
Je nachdem, welche Gegebenheiten im Außengelände vorhanden sind, sollte dieses Angebot etwas abgeändert werden. Bei einem großen Sandkasten ist das Projekt auf die beschriebene Art und Weise gut möglich. Ansonsten muss geschaut werden, ob und wie dieses Angebot umgesetzt werden kann. Liegt an einer Stelle Rindenmulch oder Erde aus, könnte dort das Angebot durchgeführt werden. Eine Rasenfläche dagegen kann nicht ohne Weiteres umgegraben werden.

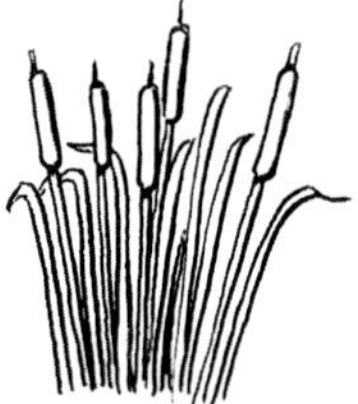

Mitreißende Flüsse (ab 4 Jahren)

Material:
3 große, leere Plastikflaschen, 3 Papp- oder Plastikbecher, Schnur, 1 Prickelnadel, Pflanzenerde, Mulch und Kieselsteine, 3 kleine Pflanzen, Schere, 1 Trinkbecher (etwa 150 ml), Wasser

Arbeitsanleitung:
Die Deckel der leeren Flaschen werden abgeschraubt, sie werden nicht mehr benötigt. Dann werden die Flaschen quer hingelegt. Die oberen Teile der drei Flaschen werden mit der Schere aufgeschnitten, sodass eine große Öffnung entsteht (s. Zeichnung).
Nun werden die Flaschen befüllt: Die erste Flasche wird bis kurz vor dem oberen Rand mit Pflanzenerde gefüllt. Die zweite Flasche wird zur Hälfte mit Erde und darauf zu gleichen Teilen mit Mulch und Kieselsteinen aufgefüllt. Die dritte Flasche wird mit Erde befüllt, in welche die drei Pflanzen eingesetzt werden. Die Flaschen werden so auf eine Fensterbank gelegt, dass die Öffnung über die Fensterbank hinausschaut. In die drei Becher werden mit der Prickelnadel rechts und links je zwei Löcher gestochen.
Es werden sechs etwa 15 cm lange Schnüre abgeschnitten. Diese werden so am Becher befestigt, dass die Becher mit der Schnur am Flaschenhals aufgehängt werden. Dabei sollte darauf geachtet werden, dass sich die Flaschenöffnungen über den Bechern befindet. Nun müssen die Pflanzen einige Tage anwachsen, bevor das eigentliche Experiment durchgeführt wird.

Die Kinder haben während des Experiments die Aufgabe, jeden Tag vorsichtig einen Trinkbecher Wasser in jede der Flaschen zu kippen. Was passiert? Lassen Sie die Kinder beobachten und vergleichen.

Folgende Fragen können Sie dabei stellen:
- Wie lange dauert es, bis das Wasser aus der Flaschenöffnung tritt? Dauert es bei allen drei Flaschen gleich lang?
- Aus welcher Flasche kommt das klarste bzw. das trübste Wasser? Woran könnte das liegen?

Hinweis:
Wenn es lange und viel regnet, kann ein Fluss Hochwasser führen. Deshalb ist es wichtig, dass Häuser nicht zu nah an Flüssen gebaut werden. Denn wenn es Hochwasser gibt, läuft Wasser in die Keller und es entstehen große Schäden. Dichtes Pflanzenwachstum am Ufer der Flüsse und auf den Wiesen neben den Flüssen können Hochwasserschäden verhindern. Denn das Wasser kann sich über die Wiesen ausbreiten, ohne Schaden anzurichten, und dort versickern. Das gestaute Wasser kann nach und nach an die Pflanzen abgegeben werden, die dieses über ihre Wurzeln aufnehmen.

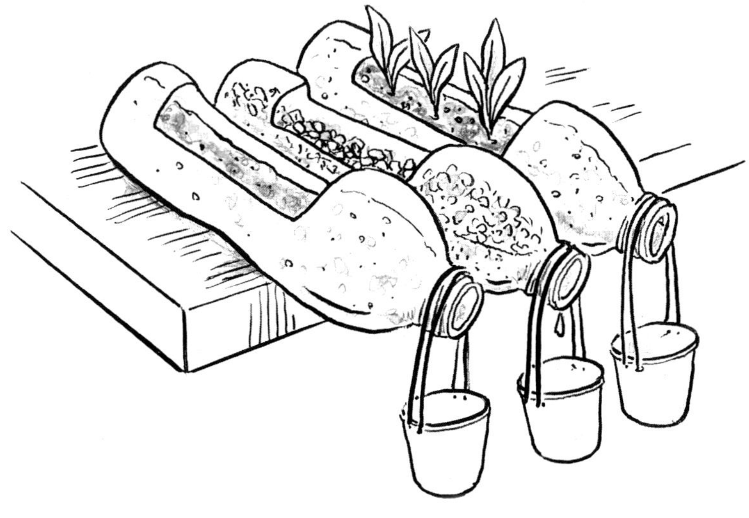

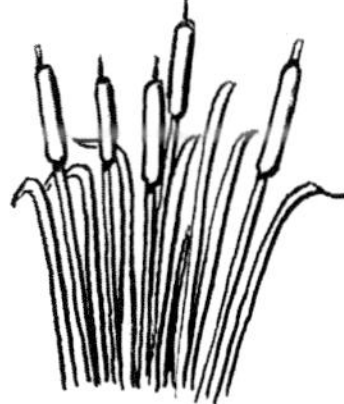

Lebenszyklus von Tieren am und im Wasser (ab 4 Jahren)

Material:
Kopiervorlage „Lebenszyklus (1) und (2)“ (s. u. und S. 31), Buntstifte, Schere, Kleber, 10 Pappteller, 5 Musterklammern, Lineal, 1 schwarzer Filzstift, Buntstifte, 1 blauer Wachsmalstift

Vorbereitung:
Die Vorlage wird kopiert und ausgeschnitten.

Arbeitsanleitung:
Fünf der Pappteller werden mit dem schwarzen Filzstift in vier gleich große Bereiche unterteilt. Dann wird die Vorlage mit Buntstiften naturgetreu ausgemalt. Immer vier zusammengehörende Bilder eines Tieres werden in die richtige Reihenfolge gelegt und auf einen Pappteller geklebt. Anschließend wird mit der Schere ein Loch in die Mitte des Papptellers gestochen. In einen der Pappteller ohne Unterteilung wird ebenfalls ein Loch in die Mitte gestochen. Mit dem Lineal und einem Stift wird der Teller in ein Viertel unterteilt. Dieses Viertel wird ausgeschnitten und beiseitegelegt. Der Teller wird mit einem blauen Wachsmalstift bemalt und dann mit Hilfe der Musterklammer auf dem anderen Teller befestigt. So wird mit allen Papptellern verfahren.

Hinweis:
Wenn man nun den oberen Teller dreht, sieht man einen Ausschnitt aus dem Lebenszyklus des jeweiligen Tieres. So können die Kinder sich immer wieder ansehen, welche Lebenszyklen das jeweilige Tier durchläuft. Man kann dieses Angebot sehr gut als Gesprächsanlass im Kreis oder in Kleingruppen nutzen. Die Kinder können beschreiben, was auf den Bildern zu sehen ist und was als Nächstes passiert.

Kopiervorlage „Lebenszyklus“ (1)

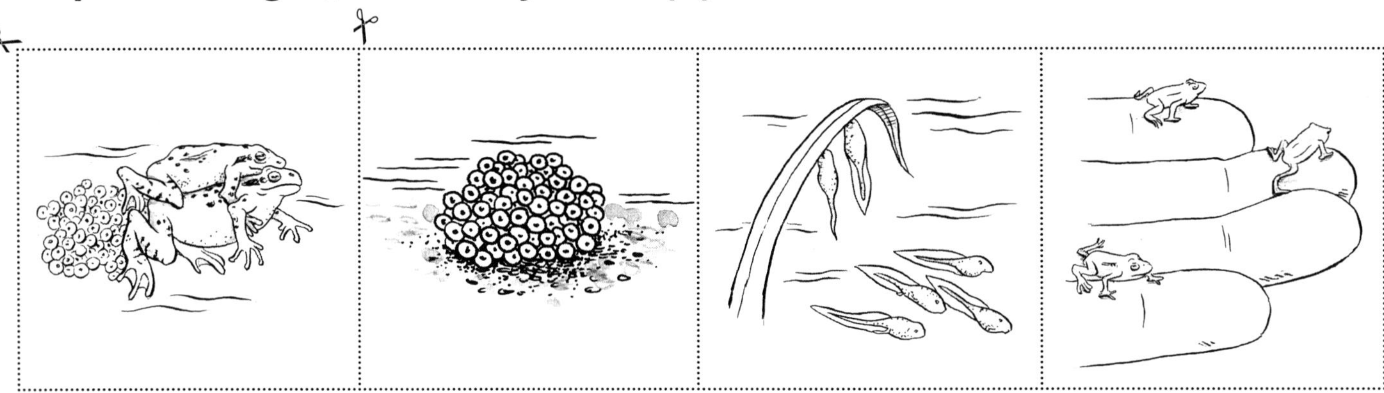

(Bei Bedarf bitte hochkopieren.)

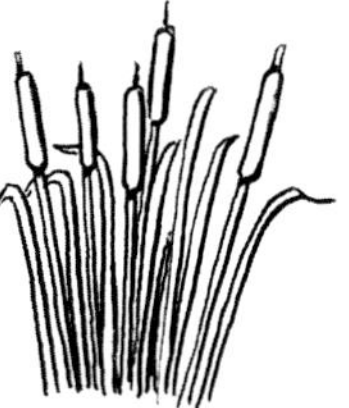

Kopiervorlage „Lebenszyklus“ (2)

(Bei Bedarf bitte hochkopieren.)

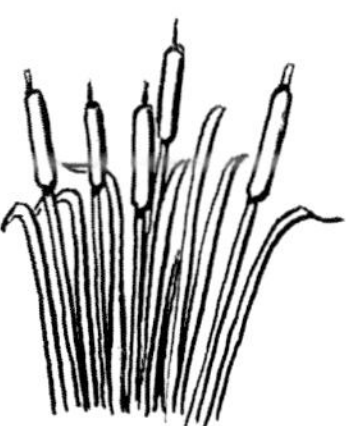

Federkleid im Winter (ab 5 Jahren)

Material:
Kopiervorlage „Temperatur messen" (s. S. 33), Schal / Mütze / Handschuhe, 2 gleich große Bechergläser, 2 Reagenzgläser, Wasserkocher, 1 Glas voll Federn (bei einem Spaziergang sammeln oder im Bastelbedarf kaufen), Sanduhr oder Stoppuhr, Stift, 1 wasserfestes Thermometer, Wasser, Knete, 1 Trichter, der in die Reagenzgläser passt

Arbeitsanleitung:
Die Kinder sitzen in einem Kreis. Die Erzieherin legt Schal, Mütze und / oder Handschuhe und eine Feder in die Mitte. Nun fragt sie die Kinder, was sie machen, damit sie im Winter nicht frieren. Anschließend wird gemeinsam überlegt: Was machen die Tiere im Winter? Lassen Sie die Kinder frei erzählen. Sie kommen bestimmt schnell darauf, dass sie sich selbst warm anziehen. Einige Kinder wissen vielleicht auch, dass manche Tiere ein Winterfell bekommen. Was ist aber mit den Tieren, die kein Fell haben?
In diesem Experiment geht es darum, wie es die Wasservögel schaffen, sich warmzuhalten. Denn diese schwimmen auch bei eisigen Temperaturen im Wasser und tauchen sogar unter. Eigentlich müssten sie durch das kalte Wasser sehr auskühlen. Aber ist das wirklich so?
Bei diesem Experiment wird es ausprobiert: Die Vorlage „Temperatur messen" wird kopiert.
Die Bechergläser werden auf einen Tisch gestellt. Eines davon wird mit den Federn gefüllt. Ein Reagenzglas wird in die Mitte des Glases zwischen die Federn gesteckt. Das andere Reagenzglas wird in das leere Becherglas gestellt. Mit etwas Knete wird es so am Glasboden befestigt, dass es geradesteht. Bei dem anderen Reagenzglas ist dies nicht nötig, da es durch die Federn aufrecht stehen bleibt.
Nun wird das Wasser im Wasserkocher erhitzt. Es muss nicht kochen. Das heiße Wasser wird vorsichtig mit Hilfe des Trichters in die Reagenzgläser gefüllt. Achten Sie darauf, dass die Federn dabei nicht nass werden.

Dann messen die Kinder mit dem Thermometer die Temperatur in beiden Gläsern und tragen diese in die Tabelle ein. Die Stoppuhr wird auf fünf Minuten eingestellt. Danach wird die Temperatur wieder gemessen und eingetragen. Das Ganze wird sechsmal wiederholt.
Nach dem ersten Messen können die Kinder Vermutungen darüber anstellen, was passiert.
Nach der letzten Messung setzen sich alle zusammen und schauen sich die Ergebnisse an. Was lässt sich beobachten? In welchem Reagenzglas blieb das Wasser länger warm? Warum könnte dies so sein?

Hinweis:
Das dichte Federkleid schützt Vögel im Winter vor der Kälte. Die Federn halten den Körper warm, sie isolieren. Die Körperwärme der Tiere wird durch die Federn festgehalten.

Weiterführende Ideen:
Vielleicht haben die Kinder noch andere Ideen, mit welchen Materialien sie den Versuch wiederholen können. Lässt sich mit einem anderen Material derselbe Effekt erzielen? Finden Sie es gemeinsam mit den Kindern heraus.

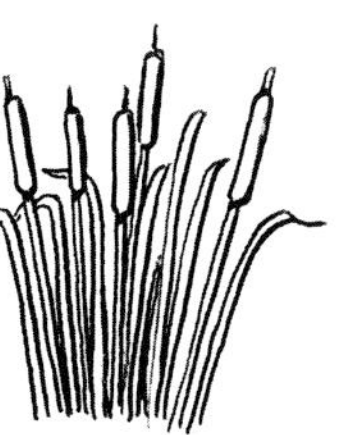

Kopiervorlage „Temperatur messen“

Glas mit Federn	Glas ohne Federn
° C	° C
° C	° C
° C	° C
° C	° C
° C	° C
° C	° C

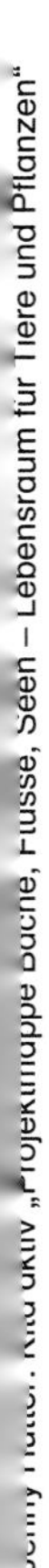

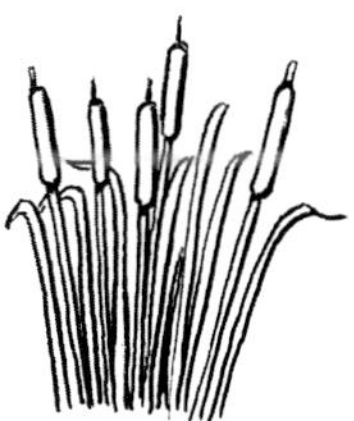

Warum Federn nicht nass werden (ab 5 Jahren)

Material:
1 Filterpapier (Kaffeefilter), Fettcreme, 1 Schüssel mit Wasser, 2 kleine Teller, 1 Zuckerzange, 1 Schere

Arbeitsanleitung:
Das Filterpapier wird so auseinandergeschnitten, dass zwei gleich große Stücke entstehen.
Was glauben die Kinder, passiert, wenn das Filterpapier auf das Wasser gelegt wird?
Lassen Sie die Kinder Vermutungen darüber anstellen.
Nun darf ein Kind ein Stück Filterpapier mit Hilfe der Zuckerzange in das Wasser legen.
Schauen Sie gemeinsam, was mit dem Blatt passiert.
Anschließend kann ein anderes Kind das Papier mit Hilfe der Zuckerzange wieder herausnehmen und auf einen Teller legen.

Das zweite Filterpapier wird nun von beiden Seiten mit der Fettcreme bestrichen. Das können die Kinder mit dem Finger machen.
Fragen Sie die Kinder, was sie nun glauben, was mit diesem Papier geschieht, wenn man es in das Wasser legt. Auch jetzt sollen die Kinder wieder angeregt werden, ihre Überlegungen in Worte zu fassen.
Nun legt ein Kind das gefettete Papier mit der Zuckerzange in das Wasser. Beobachten Sie mit den Kindern, was passiert, und lassen Sie sie beschreiben.
Zuletzt wird auch dieses Papier mit der Zuckerzange herausgeholt und auf den anderen Teller gelegt.

Hinweis:
Das Fett sorgt dafür, dass das Wasser abperlt. So machen es auch die Enten und Gänse: Sie fetten ihre Federn ein, damit diese nicht nass werden. Das kann man bei den Enten am Teich beobachten.
Enten und Gänse haben an ihrem Hinterteil eine sogenannte „Bürzeldrüse“, die voller Fett sitzt.
Mit dem Schnabel nehmen Gänse und Enten das Fett aus der Bürzeldrüse auf und verteilen es in ihrem Federkleid. Es sieht so aus, als würde sich die Ente / die Gans putzen. Aber damit verteilt sie das Fett über den gesamten Körper in die Federn, damit diese nicht nass werden.

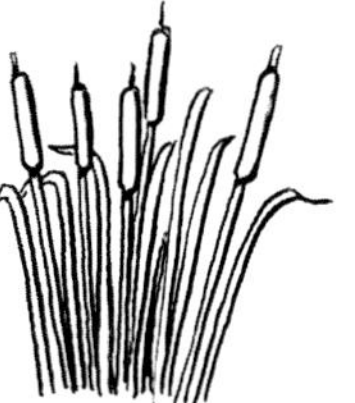

Was machen die Fische im Winter? (ab 4 Jahren)

Material:
1 Messbecher, 1 Kanne mit Wasser, 1 Spielzeugfisch, etwas Knete,
1 Schaschlikspieß, Gefrierfach, ggf. 1 zweiter Messbecher mit Wasser

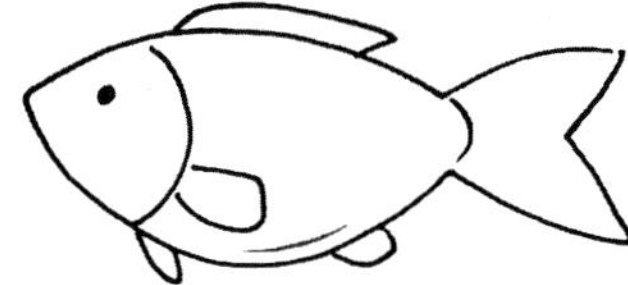

Arbeitsanleitung:
Etwas Knete wird unten am Fisch befestigt. Dieser wird in den Messbecher gestellt. Durch die Knete haftet der Fisch am Boden des Messbechers. Als Nächstes füllt ein Kind den Messbecher mit Wasser auf. Der Messbecher mit dem Wasser wird nun in das Gefrierfach gestellt. Das zeigt den Kindern, was mit dem Wasser und dem Fisch im Winter passiert, wenn es draußen frostig ist. Lassen Sie die Kinder Vermutungen darüber anstellen, was mit dem Wasser im Gefrierfach passiert, und stellen Sie eine Verbindung zu Seen und Teichen im Winter her, wenn draußen frostige Temperaturen herrschen.
Nach etwa zwei Stunden wird der Messbecher herausgeholt. Die Frostdauer hängt davon ab, wie viel Wasser im Messbecher ist. Die Erzieherin sieht zwischendurch nach. Es sollte nur die obere Schicht zugefroren sein.
Die Kinder kommen im Kreis zusammen. Der Messbecher wird in die Mitte gestellt. Die Kinder dürfen sehen und fühlen, was mit dem Wasser geschehen ist (es ist gefroren). Fragen Sie die Kinder, ob das Wasser komplett gefroren ist und ob bis zum Becherboden Eis ist. Lassen Sie die Kinder Vermutungen darüber anstellen. Anschließend darf ein Kind mit dem Schaschlikspieß in das Eis hineinstechen. Was passiert?

Lassen Sie die Kinder erklären:
- Die Eisschicht bricht auf.
- Unter der Eisschicht ist Wasser.

Im übertragenen Sinne bedeutet dies, dass im Winter das Wasser unten wärmer ist (es ist noch nicht gefroren). Die Fische bleiben im Winter in Bodennähe und sind somit vor dem Frost geschützt. Das geht aber nur, wenn das Wasser tief genug ist. Kleine Tümpel können vollständig zufrieren, wenn es kalt ist. Darin können Fische den Winter nicht überleben.

Hinweis:
Wasser gefriert von oben nach unten. Das heißt, zuerst friert die oberste Schicht zu.
Die Eisschicht wird immer dicker und dicker, je länger der Messbecher im Tiefkühlfach ist. Zum Vergleich kann man einen zweiten Messbecher einen Tag vorher in das Gefrierfach stellen und den Kindern so anschaulich zeigen, dass die Eisschicht immer dicker wird. Das bedeutet für unsere Seen, dass diese tief genug sein müssen, damit die Fische überleben können. Je tiefer das Wasser, desto weniger wahrscheinlich ist es, dass das Gewässer ganz zufriert. Je tiefer es ist, desto langsamer gefriert auch die Wasserschicht, da das untere Wasser keinen direkten Luftkontakt hat. In Flüssen ist das etwas anders. Durch die Fließgeschwindigkeit frieren die Gewässer nicht so schnell zu.

Weiterführende Hinweise:
Wer es noch genauer wissen möchte, findet im Internet unter dem Begriff „Dichteanomalie des Wassers“ weitere Erklärungen und Experimente oder auf den folgenden Internetseiten:
- *https://klassewasser.de/content/language1/html/3653.php*
- *www.nela-forscht.de/2019/01/16/wasser-ist-unnormal/*
- *www.nela-forscht.de/2013/01/29/warum-erfrieren-fische-nicht/*

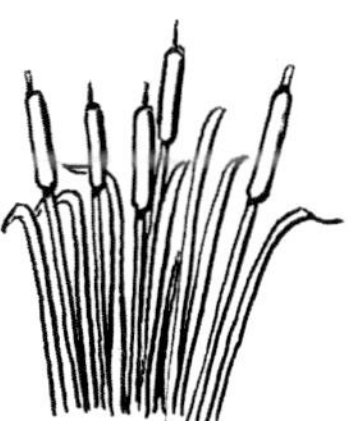

Der Apfelfrosch (ab 2 Jahren)

Zutaten:
für 2 Apfelfrösche: 1 Apfel, 1 Banane, 4 Trauben, 4 Blaubeeren, 1 Möhre

Arbeitsmittel:
1 Messer, 1 Schneidebrett, 3 Zahnstocher pro Frosch, 1 Sparschäler

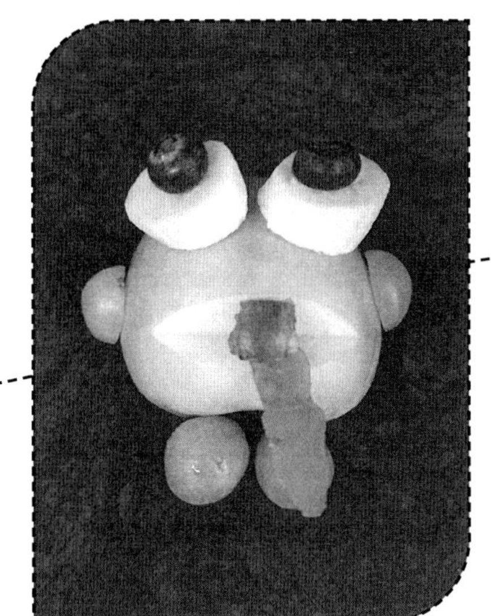

Zubereitung:
Das Obst wird gründlich gewaschen. Der Apfel wird halbiert und das Kerngehäuse herausgeschnitten. In das vordere Drittel der Apfelhälfte wird eine Kerbe (das Maul des Frosches, s. Foto) geschnitten. Die beiden Trauben werden halbiert. Von der Banane werden zwei Scheiben abgeschnitten. Mit dem Sparschäler wird ein langer Streifen Möhre abgetrennt. Der Streifen von der Möhre wird gut zur Hälfte aufgerollt. Mit einem Zahnstocher wird dieser Streifen als Zunge im Maul des Apfelfrosches befestigt. Die Traubenhälften werden als Arme und Beine ebenfalls mit einem Zahnstocher am Apfel befestigt. Zum Schluss werden zwei Zahnstocher genommen und jeweils eine Bananenscheibe und eine Blaubeere als Augen auf dem Apfel aufgespießt.

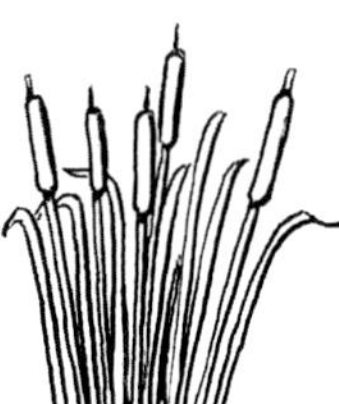

Süße Frösche (ab 2 Jahren)

Zutaten für den Teig (für etwa 12 Stück):
125 g weiche Butter, 100 g Zucker, 1 Pck. Vanillezucker, 1 Prise Salz, 2 Eier, 250 g Mehl, 1 Pck. Vanillepudding, ½ Pck. Backpulver, 4 EL Milch

Zutaten für die Verzierung:
½ Pck. Puderzucker, wenig Wasser, grüne Lebensmittelfarbe, schwarze Zuckerschrift, 2 Schokodrops für die Augen

Arbeitsmittel:
1 Waage, 1 Handrührgerät, 2 Löffel, Backofen, Backpapier, Abkühlgitter, 1 Schneebesen, 1 kleine Schüssel, 1 Backpinsel, 2 Backbleche

Zubereitung:
Der Backofen wird auf 180 °C Umluft vorgeheizt. Alle Zutaten für den Teig werden abgewogen und in einer Schüssel mit dem Handrührgerät verrührt. Dann wird ein Esslöffel Teig herausgenommen und mit Hilfe des zweiten Löffels auf das mit Backpapier ausgelegte Blech gesetzt. Nun wird der Teig mit einem Löffel etwas plattgedrückt. Zwischen den Teigfröschen sollte genügend Abstand gelassen werden (maximal 9 Stück pro Backblech), weil sie im Ofen noch auseinandergehen. Die Frösche kommen für 10 Minuten in den Ofen und müssen dann auskühlen.
In der kleinen Schüssel wird dann der Puderzucker mit wenig Wasser und der grünen Lebensmittelfarbe angerührt. Der Zuckerguss sollte recht dickflüssig sein. Mit dem Backpinsel wird der Zuckerguss auf der flachen Seite der Frösche aufgetragen. Zwei Schokodrops werden als Augen daraufgesetzt. Nach dem Trocknen kann mit der schwarzen Zuckerschrift der Mund aufgemalt werden.

Hefegänse (ab 2 Jahren)

Zutaten:
500 g Mehl, 80 g Zucker, 1 Pck. Vanillezucker, 80 g weiche Butter, 250 g Milch, 1 Pck. Trockenhefe, 1 Prise Salz, evtl. etwas Sahne oder Kondensmilch zum Bestreichen, etwa 10 Rosinen

Arbeitsmittel:
Kopiervorlage „Gans“ (s. u.), 1 Messbecher, 1 Waage, 1 große Rührschüssel, Mikrowelle, 1 Schneebesen, 1 Handrührgerät, 1 sauberes Geschirrtuch, 1 Nudelholz, 1 Messer, 1 Schaschlikspieß, Backblech, Backpapier, Backofen, 1 Backpinsel, 1 kleine Schüssel, 1 Bogen fester Tonkarton, Bleistift, Schere

Zubereitung:
Die Milch wird in den Messbecher gegeben und in der Mikrowelle erwärmt, bis sie lauwarm ist.
Dann wird die Hefe in die warme Milch gegeben und gut mit dem Schneebesen verrührt.
Mehl, Zucker, Vanillezucker und Salz werden nun in die große Rührschüssel gegeben und alles wird miteinander vermengt. Das Hefe-Milch-Gemisch und die weiche Butter werden hinzugegeben und alles mit dem Handrührgerät gut verrührt. Zum Schluss wird alles noch einmal mit der Hand gut durchgeknetet. Wenn der Teig noch kleben sollte, wird etwas Mehl hinzugegeben. Wird er beim Kneten bröselig, wird Milch hinzugefügt.
Das Geschirrtuch wird über die Schüssel gelegt und der Teig zum Ruhen an die Seite gestellt.
Er muss mindestens eine Stunde gehen. Der Teig sollte danach etwa doppelt so groß sein.
In der Zwischenzeit wird die Vorlage „Gans“ kopiert, mit dem Bleistift auf festen Tonkarton übertragen und ausgeschnitten.
Danach wird der Teig noch einmal gut durchgeknetet und mit dem Nudelholz auf einer bemehlten Arbeitsplatte etwa 3 cm dick ausgerollt. Die Gänseschablone wird aufgelegt, die Umrisse erst mit dem Schaschlikspieß ummalt und anschließend mit dem Messer ausgeschnitten. Die fertige Gans wird auf das mit Backpapier ausgelegte Backblech gelegt. So wird verfahren, bis der Teig aufgebraucht ist.
Die Kondensmilch (oder Sahne) wird in die kleine Schüssel geschüttet. Die Hefegänse werden mit dem Backpinsel damit bestrichen (dadurch bekommen sie im Backofen eine schöne braune Farbe). Jeweils 1 Rosine wird als Auge in den Kopf gesteckt. Nun wird alles noch einmal etwa eine Stunde gehen gelassen und anschließend bei 180 °C etwa 20 Minuten gebacken.

Kopiervorlage „Gans“

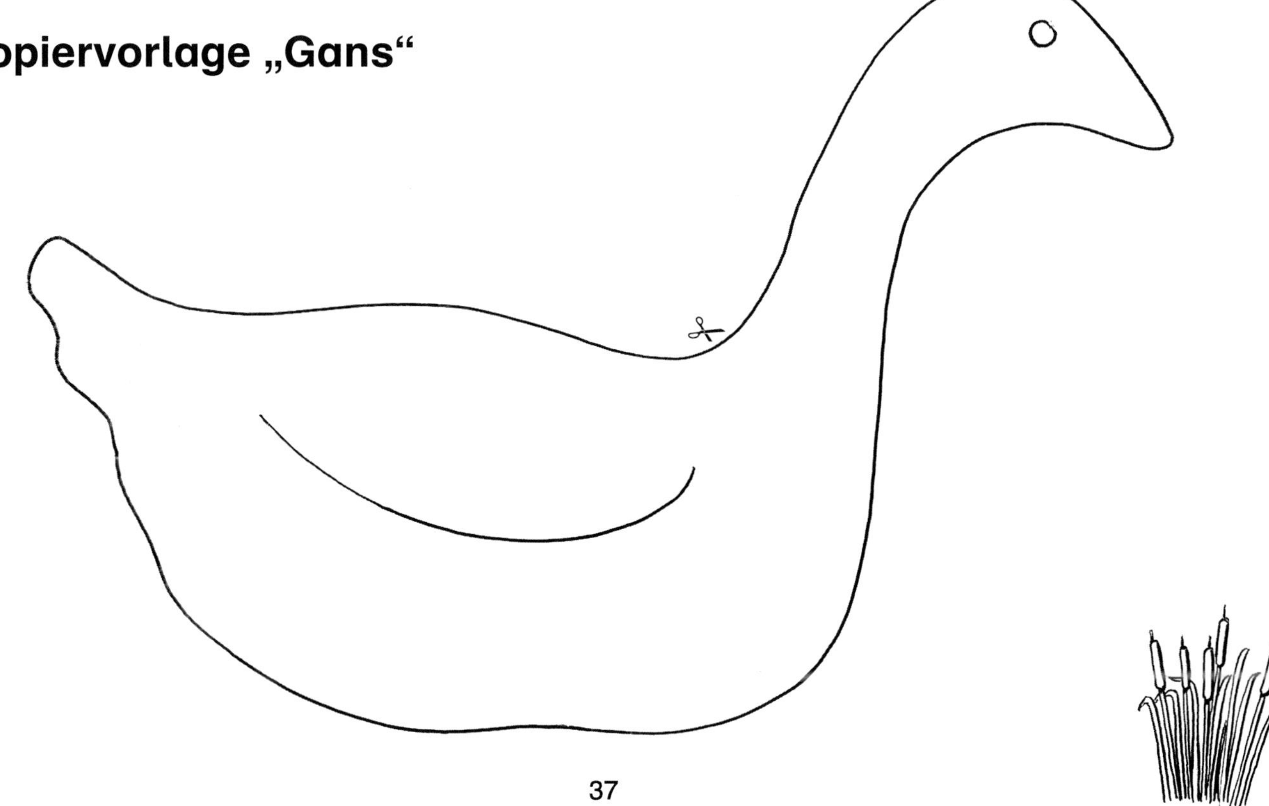

Wer hat die meisten Entenküken? (ab 3 Jahren)

Material:
Kopiervorlage „Das Leben am Wasser“ (s. S. 12), pro Kind 20 kleine gelbe Pompons als „Küken“, weißer Tonkarton, Buntstifte, Schere, 1 Zahlenwürfel mit Zahlen von 1 – 6 (für jüngere Kinder von 1 – 3), ggf. Laminiergerät und -folie

Vorbereitung:
Die Vorlage wird viermal kopiert und mit Buntstiften angemalt.
Zur besseren Haltbarkeit können die Vorlagen laminiert werden.

Spielmöglichkeit (für 2 – 4 Spieler):
Vier Kinder sitzen am Tisch oder auf dem Boden.
Jedes Kind legt seinen Spielplan vor sich ab.
Die „Küken“ werden in die Tischmitte gelegt.
Ein Kind beginnt und würfelt. Es benennt die gewürfelte Zahl. Dann nimmt es sich entsprechend viele Küken aus der Mitte und legt diese in seinen Teich. So wird reihum gewürfelt, bis kein Küken mehr in der Mitte liegt. Nun zählt jedes Kind seine Entenküken. Das Kind mit den meisten Küken gewinnt das Spiel.

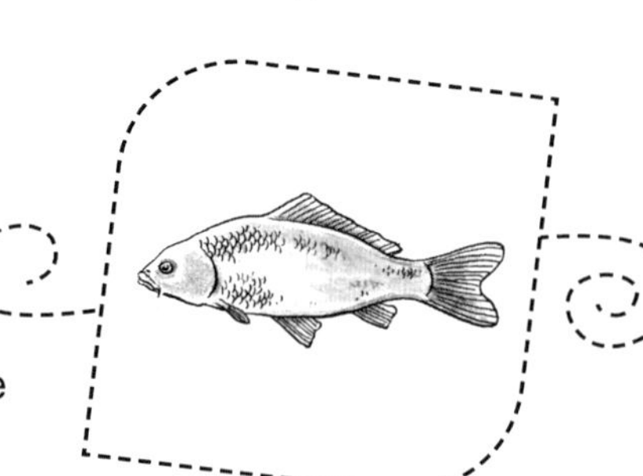

Was kann schwimmen? Was kann fliegen? Sortiere die Entdeckerkarten! (ab 4 Jahren)

Material:
Entdeckerkarten (s. S. 7 – 10), Schere, 2 Turnreifen (am besten in zwei verschiedenen Farben), Laminiergerät und -folie

Vorbereitung:
Die Entdeckerkarten werden kopiert, ausgeschnitten und laminiert.

Spielmöglichkeit (für 1 – 3 Kinder):
Die Kinder sitzen im Raum in einem Kreis. Die Karten werden mit der Bildseite nach oben in die Kreismitte gelegt. Die Turnreifen werden im Raum verteilt.

Nun gibt die Erzieherin Arbeitsaufträge an die Kinder, zum Beispiel:
- Sortiere alles, was **im** Wasser lebt und alles, was **am** Wasser lebt, in jeweils einen Reifen.
- Sortiere alles, was Nester baut, und alles, was Laich im Wasser ablegt, in jeweils einen Reifen.
- Sortiere alle Tiere mit Federn in den roten und alle Tiere mit Haut in den blauen Reifen.
- Sortiere alles, was fliegt, in den roten und alles, was hüpft und kriecht, in den blauen Reifen.

Zahlenbild Fisch (ab 4 Jahren)

Verbinde die Zahlen in der richtigen Reihenfolge.
Starte mit der 1.
Male dem Fisch noch die Fischschuppen.
Achte dabei darauf, die Schuppen möglichst gleichmäßig zu malen.

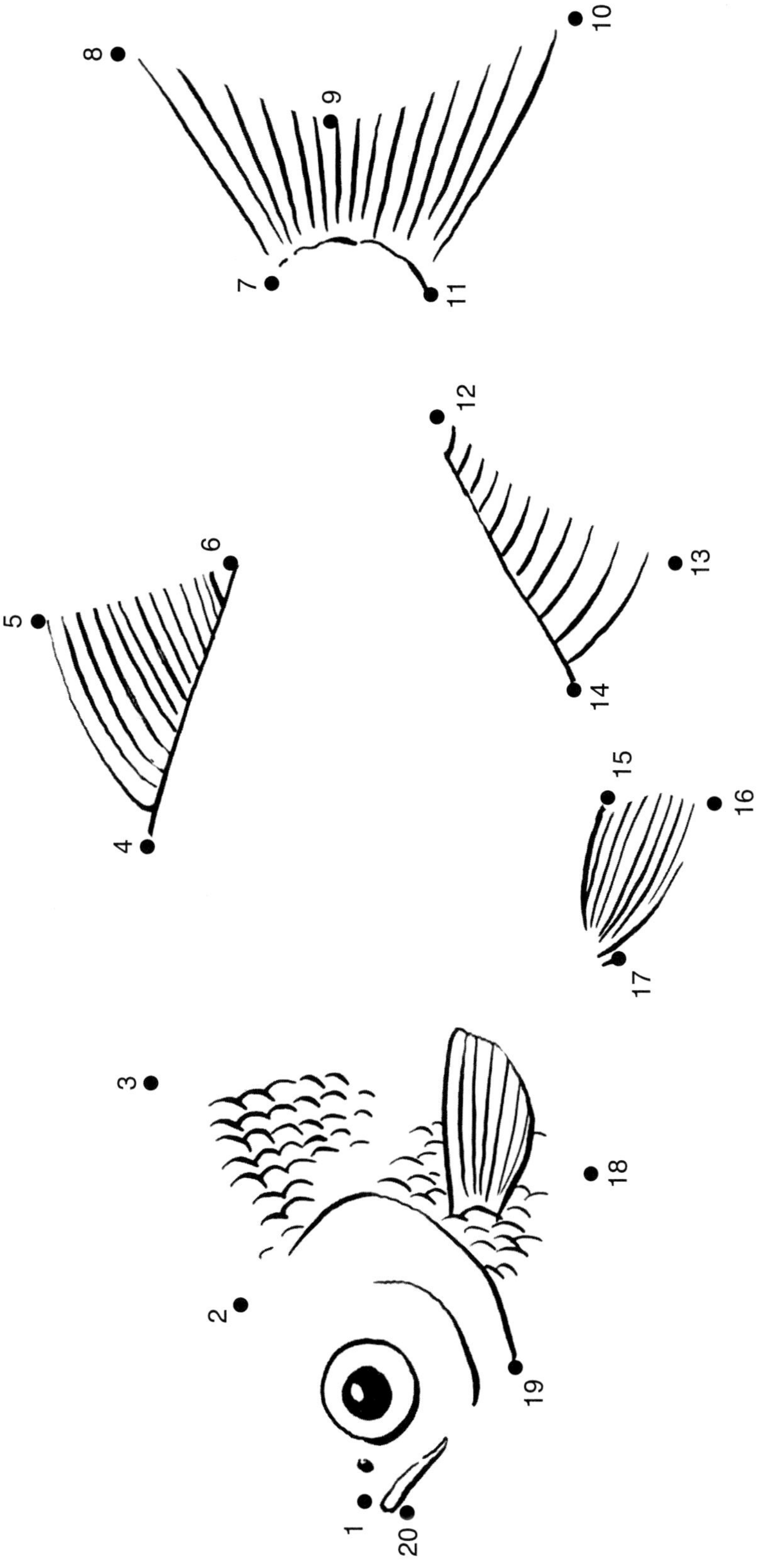

Der Fischreiher **(ab 5 Jahren)**

Die Fischreiher haben viele Fische erbeutet.

Schaue genau, wie viele Fische jeder geschnappt hat.

Verbinde sie richtig!

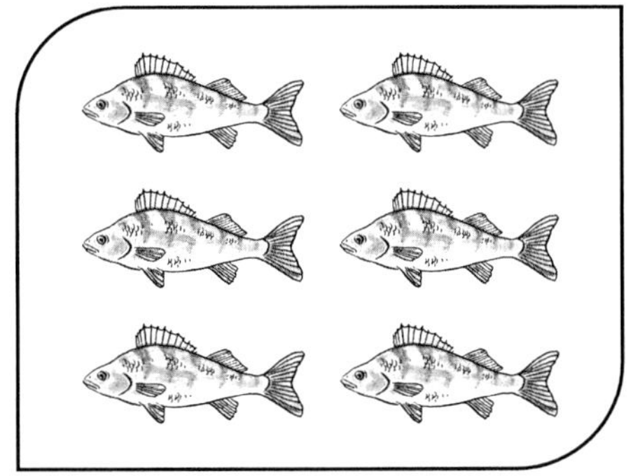

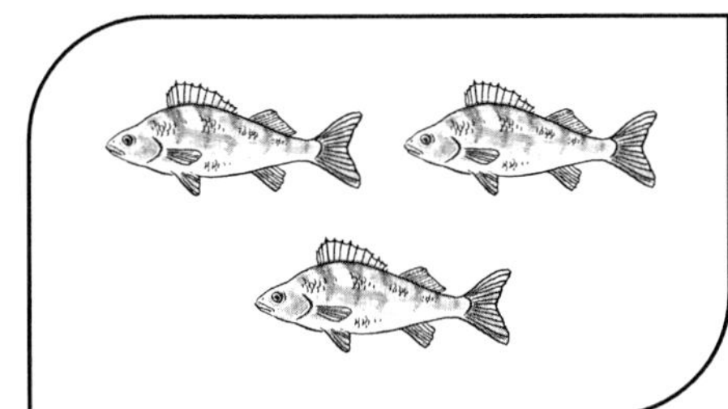

BVK • Jenny Hütter: Kita aktiv „Projektmappe Bäche, Flüsse, Seen – Lebensraum für Tiere und Pflanzen“

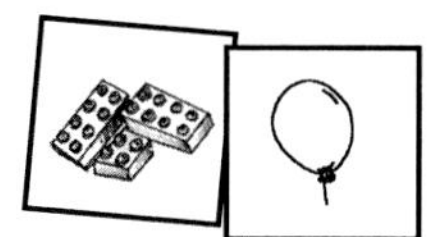

Abschlussfest rund um das Thema „Bäche, Flüsse und Seen – Lebensraum für Tiere und Pflanzen“ (ab 2 Jahren)

Material:
Kopiervorlage „Einladungskarte (s. u.), mehrere Bögen farbiger Tonkarton, Schere, Buntstifte, 1 dünner schwarzer Filzstift

Arbeitsanleitung:
Zum Abschluss des Projektes bietet sich ein Kita-Fest an. Um die Kinder und ihre Familien einzuladen, können Sie die Einladungskarte unten nutzen. Dazu wird die Vorlage „Einladungskarte“ für jedes Kind auf farbigen Tonkarton kopiert und ausgeschnitten. Die Kinder können sie bunt bemalen. Anschließend werden mit einem dünnen schwarzen Filzstift die entsprechenden Daten eingetragen.

Ideen für den Ablauf des Festes:
Für das Fest eignen sich viele Angebote aus dieser Projektmappe, um sie an Stationen aufzubauen, zum Beispiel:

- „Ich sehe was, was du nicht siehst“ (s. S. 14). Beim Fest wird das Spiel zum Beispiel drei Runden mit je drei Familien gemeinsam gespielt.
- Bastelaktion „Ein Floß bauen“ (s. S. 19)
- Bastelaktion „Froschspiel“ (s. S. 21)
- Spielstation „Was gehört ins Wasser?“ (s. S. 24)
- Experimentierstation „Dem Wasserläufer auf der Spur“ (s. S. 25)
- Spielstation „Der Fischreiher“ (s. S. 40)

Um das Fest zu eröffnen, können die Kinder zur Begrüßung das Lied „5 kleine Fische“ (s. S. 16) singen. Auch das Gedicht „Herr Storch steht oben auf dem Haus“ (s. S. 14) kann geübt und zu Beginn von den Kindern vorgetragen werden. Damit für das leibliche Wohl gesorgt ist, können die Eltern im Vorfeld gebeten werden, Lebensmittel für ein Büffet beizusteuern. Auch die Rezepte von Seite 36 / 37 eignen sich gut. Zum gelungenen Abschluss können alle gemeinsam dann den „Ententanz“ (s. S. 17) tanzen.

Kopiervorlage „Einladungskarte“

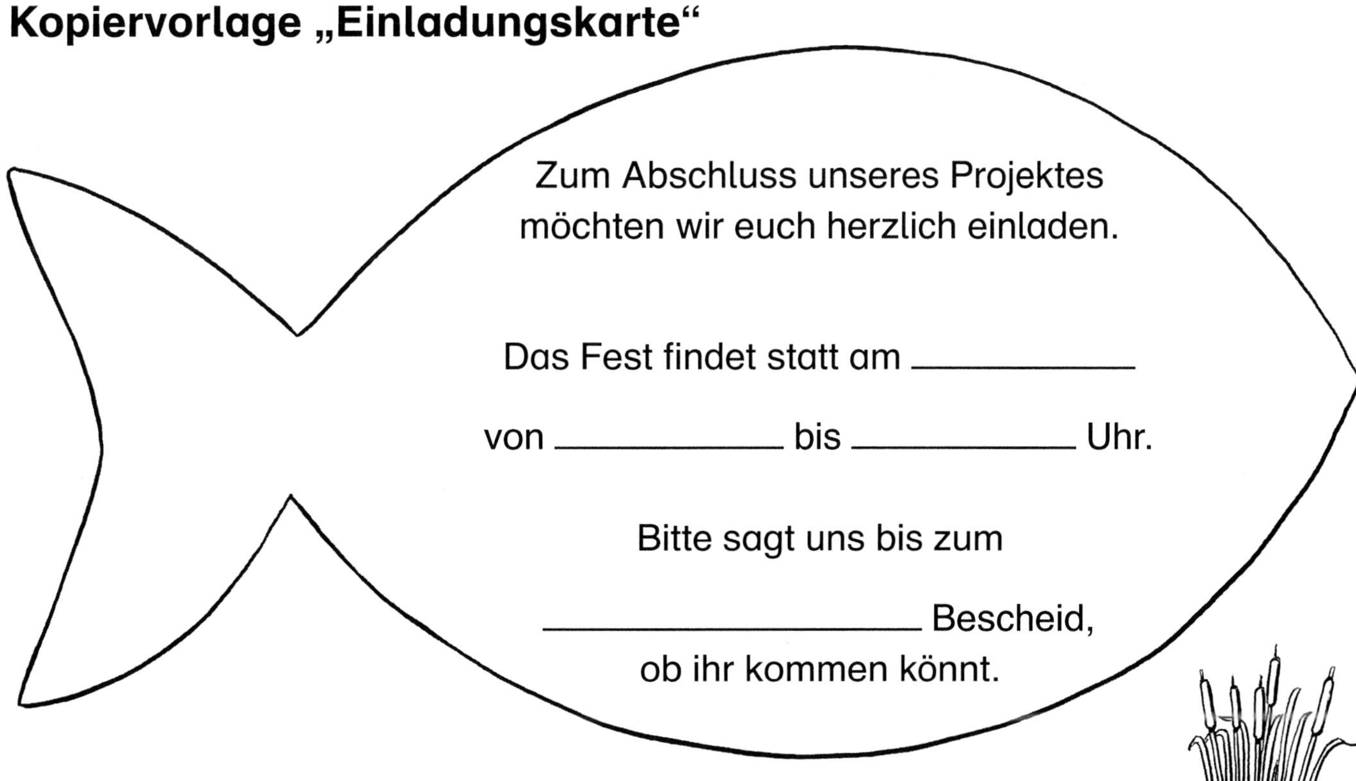

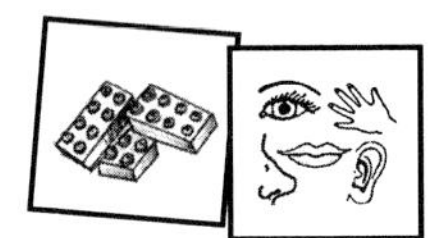

Die stürmische See (ab 2 Jahren)

Material:
1 leere Wasserflasche (durchsichtig), Sand, Wasser, ein paar kleine Steine und Muscheln (diese dürfen nicht größer als die Flaschenöffnung sein), etwas blaues Krepppapier, Baby-Öl, 1 Messbecher, 1 Spatel, 1 Trichter, Heißklebepistole

Arbeitsanleitung:
Der Messbecher wird mit Wasser gefüllt. Das Krepppapier wird mit hineingegeben und mit dem Spatel gut verrührt. Wenn sich das Wasser blau gefärbt hat, wird das Krepppapier mit dem Spatel herausgeholt und weggeworfen.
Mit Hilfe des Trichters wird Sand in die Flasche gegeben. Wenn diese quergelegt wird, sollte etwa 1 / 3 der Flasche mit Sand bedeckt sein. Anschließend werden die Steine und Muscheln mit hineingegeben. Nun wird die Flasche mit Wasser und einem guten Schuss Baby-Öl aufgefüllt. Sie sollte bis zum Rand gefüllt und dann fest verschlossen werden. Hierfür wird Heißkleber verwendet, indem er auf dem Rand des Verschlusses aufgetragen wird.
Die Flasche wird quer gehalten und kann nun von rechts nach links gekippt werden.
Besprechen Sie mit den Kindern:
Was lässt sich beobachten?

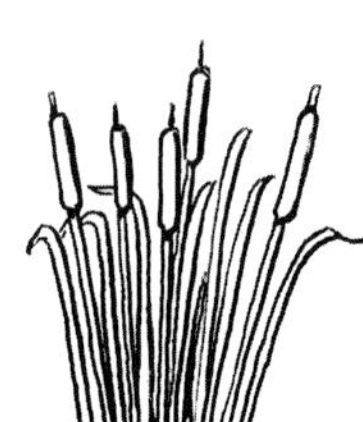

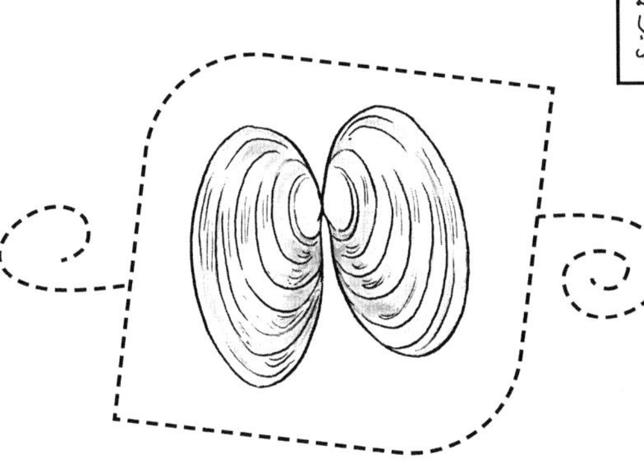

Wie war das noch? (ab 4 Jahren)

Material:
Entdeckerkarten (s. S. 7 – 10), Schere, Laminiergerät und -folie

Vorbereitung:
Die Entdeckerkarten werden kopiert, ausgeschnitten und laminiert.

Spielmöglichkeit:
Die Kinder sitzen im Kreis. Je nach Alter und Entwicklungsstand werden 4 – 8 Entdeckerkarten hervorgeholt und in die Kreismitte gelegt. Gemeinsam wird benannt, was auf den Bildern zu sehen ist. Nun schließen alle Kinder die Augen und die Erzieherin vertauscht zwei Karten. Danach dürfen alle Kinder die Augen wieder öffnen.
Wer sieht, welche Bilder vertauscht wurden? Dieses Kind darf die Karten wieder richtig tauschen. Nun darf dieses Kind zwei Karten vertauschen, während die anderen die Augen schließen.
Bei älteren Kindern können auch 3 – 4 Karten vertauscht bzw. mehr Karten in eine Reihe gelegt werden. So kann der Schwierigkeitsgrad entsprechend angepasst werden.

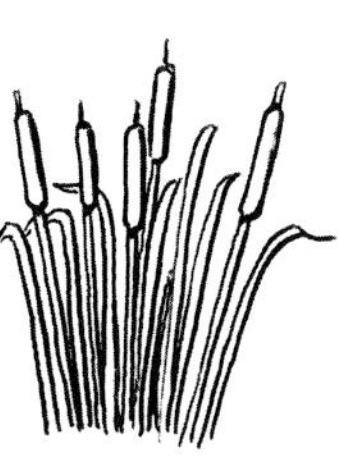

Was gehört zusammen? (ab 4 Jahren)

Material:
Kopiervorlage „Was gehört zusammen?“ (s. u.), 1 Bogen Papier, Schere, Kleber, Buntstifte

Arbeitsanleitung:
Die Vorlage wird kopiert und die einzelnen Bilder werden ausgeschnitten. Auf einem separaten Blatt Papier werden nun die Bilder nebeneinandergelegt, die zusammengehören. Wenn alles richtig liegt, werden die zusammengehörenden Bilder nebeneinander aufgeklebt und in den natürlichen Farben angemalt.

Hinweis:
Die Füße des Fischreihers und des Storches unterscheiden sich in der schwarz-weiß-Ansicht kaum voneinander. Deshalb muss beim Ausmalen auf die richtige Farbe geachtet werden: Der Fischreiher hat graue Füße und Beine, der Storch rote.

Kopiervorlage „Was gehört zusammen?“

(Bei Bedarf bitte hochkopieren.)

Fangspiel „Der Storch fängt den Frosch“ (ab 4 Jahren)

Material: -

Spielmöglichkeit:
Ein Kind steht als Storch auf einem Bein in der Kreismitte. Alle anderen Kinder hocken sich als Frösche in einen Kreis um den Storch herum.
Auf ein vorher vereinbartes Kommando geht es los: Der Storch versucht, so viele Frösche wie möglich zu fangen. Dabei darf er aber nur auf einem Bein hüpfen. Die Frösche versuchen zu entkommen. Sie dürfen dabei aber nur wie ein Frosch hüpfen. Wer gefangen wurde, wird ebenfalls zum Storch und fängt nun mit. Welcher Frosch bleibt bis zum Schluss übrig?

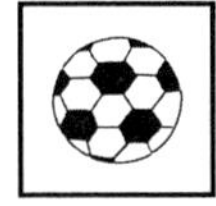

„Alles, was schwimmt ...“ (ab 4 Jahren)

Material:
CD-Player mit Bewegungsmusik, 1 Matte

Spielmöglichkeit:
Die Matte wird als „Teich“ im Raum ausgelegt. Dann laufen die Kinder zur Musik durch den Raum. Bei Musikstopp ruft die Erzieherin einen Tiernamen. Die Kinder müssen überlegen, wie sich dieses Tier fortbewegt, und dementsprechend handeln. Wenn ein Tier zwei Fortbewegungsarten beherrscht, darf das Kind sich eine aussuchen.

Beispiele für Tiere:
Frosch • Graureiher • Forelle • Ente • Schnecke • Libelle • Wasserläufer • Blässhuhn • Graugans • Höckerschwan ...

Beispiele für Bewegungsarten:
- Alle Tiere, die schwimmen und tauchen: Alle Kinder laufen zur Matte.
- Alle Tiere, die hüpfen: Alle Kinder hüpfen.
- Alle Tiere, die fliegen: Die Kinder breiten die Arme aus und flattern durch den Raum.
- Alle Tiere, die kriechen: Die Kinder legen sich flach auf den Bauch und kriechen durch den Raum.

BVK • Jenny Hütter: Kita aktiv „Projektmappe Bäche, Flüsse, Seen – Lebensraum für ...“

Fische angeln **(ab 3 Jahren)**

Material zur Vorbereitung:

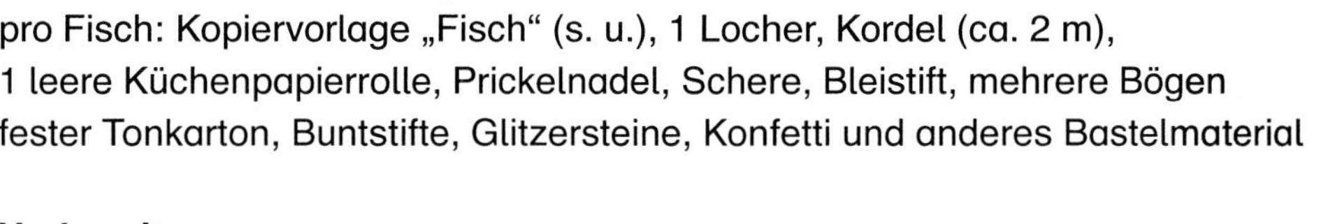

pro Fisch: Kopiervorlage „Fisch“ (s. u.), 1 Locher, Kordel (ca. 2 m), 1 leere Küchenpapierrolle, Prickelnadel, Schere, Bleistift, mehrere Bögen fester Tonkarton, Buntstifte, Glitzersteine, Konfetti und anderes Bastelmaterial

Vorbereitung:

Die Vorlage „Fisch“ wird kopiert, ausgeschnitten und auf festen Tonkarton übertragen. Anschließend kann der Fisch mit Buntstiften, Glitzersteinen, Konfetti und anderem Bastelmaterial bunt verziert werden. Von der Kordel wird ein etwa 2 Meter langes Stück abgeschnitten. Mit dem Locher wird ein Loch vorne in den Fisch gestanzt. Das eine Ende der Kordel wird mit einem Knoten daran befestigt. In die Küchenpapierrolle wird mit Hilfe der Prickelnadel mittig ein Loch gestochen. Das andere Ende der Kordel wird eingefädelt und so verknotet, dass die Schnur nicht mehr herausrutschen kann.

Material zur Spielmöglichkeit:

1 gebastelter Fisch (s. o.), optional: 1 blaues Chiffontuch, 1 Stoppuhr

Spielmöglichkeit:

Das Chiffontuch wird als „Teich“ auf den Boden gelegt. Die Kinder setzen oder stellen sich rundherum mit etwa 2 Meter Abstand dazu. Der Fisch wird auf das Tuch gelegt. Ein Kind erhält die Angel (Papprolle) mit dem anderen Ende der Schnur. Auf ein vorher vereinbartes Kommando geht es los. Das Kind wickelt so schnell wie möglich die Schnur auf, sodass der Fisch nach und nach aus dem Wasser geangelt wird. Wie lange dauert es, den Fisch zu „angeln“?

Tipp: Ein anderes Kind kann mit der Stoppuhr die Zeit messen, die benötigt wird, um den Fisch zu angeln. Es können mehrere Kinder hintereinander antreten. Wer erreicht die beste Zeit?

Natürlich können auch zwei oder mehr Angler direkt gegeneinander antreten (dazu müssen mehrere Fische gebastelt werden).

Die Stoppuhr bietet gute Möglichkeiten, mathematische Fähigkeiten unterstützend in das Angebot einzubeziehen: Welche Zahl zeigt die Stoppuhr? Welche Zahl zeigt die höhere Zeit, wer ist also langsamer oder schneller?

Kopiervorlage „Fisch“

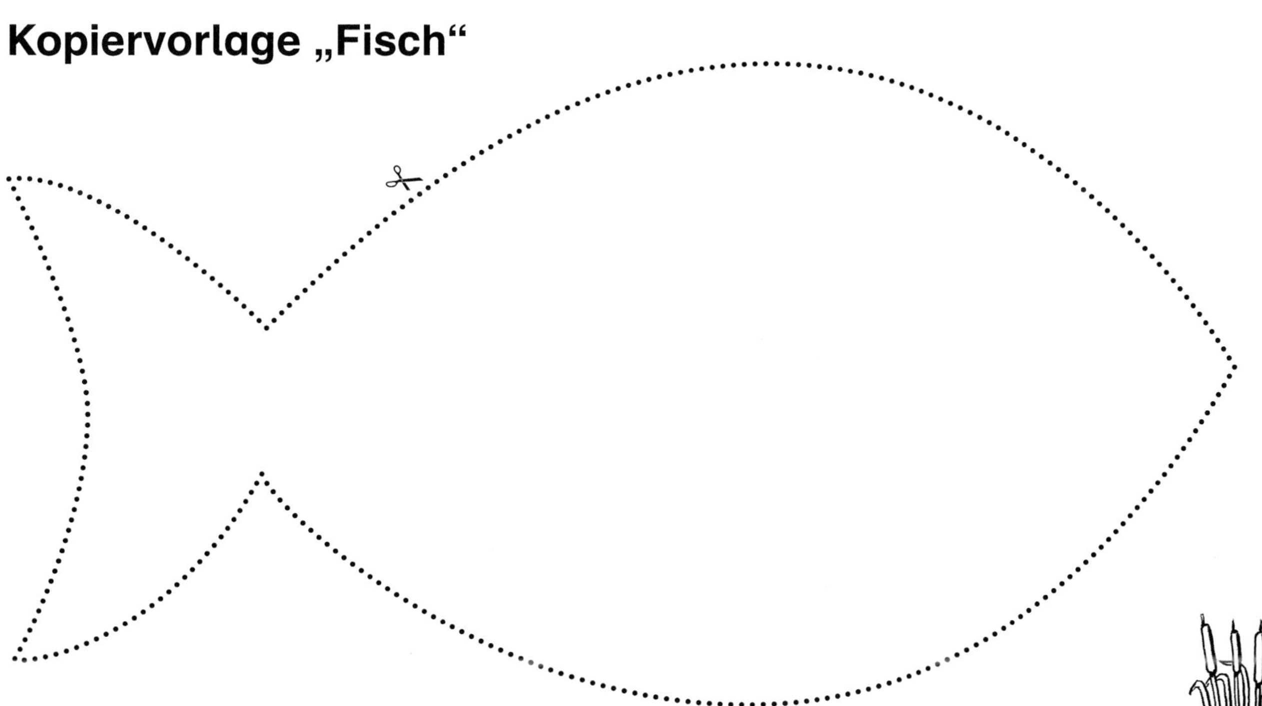

(Bei Bedarf bitte hochkopieren.)

Am Teich ist was los (ab 4 Jahren)

Material:
Entdeckerkarten (s. S. 7 – 10), Schere, Laminiergerät und -folie

Vorbereitung:
Die Entdeckerkarten werden kopiert, ausgeschnitten und laminiert.

Spielmöglichkeit:
Alle Kinder sitzen im Kreis auf einem Stuhl. Die Erzieherin steht in der Mitte. Jedes Kind erhält eine Entdeckerkarte. Es können auch Karten doppelt verteilt werden. Die Erzieherin gibt nun einen Auftrag (Ideen dazu s. u.). Alle Kinder, die eine Karte haben, auf die der Auftrag zutrifft, müssen nun so schnell wie möglich aufstehen und sich einen neuen freigewordenen Platz suchen – auch die Erzieherin. Somit bleibt eine Person übrig. Die Person, die nun in der Mitte steht, gibt einen neuen Auftrag. Sie kann aber auch „Seeungeheuer!" rufen. Dann müssen alle aufstehen und sich einen neuen Platz suchen.

Beispiele für Aufträge:
- Alle Fische tauschen die Plätze.
- Alles, was schwimmt, tauscht den Platz.
- Alles, was kriecht, tauscht den Platz.
- Alles, was Eier legt, tauscht den Platz.
- Alles, was Nester baut, tauscht den Platz.
- Alles, was fliegen kann, tauscht den Platz.
- Alles, was hüpfen kann, tauscht den Platz.
- Alles, was Federn hat, tauscht den Platz.

Fischreiher: Der Fischreiher stakt oft mit seinen langen Beinen durchs Wasser. Er frisst Fische, Frösche, Schlangen und Feldmäuse. Sein Nest baut er auf Bäumen. Er wird auch Graureiher genannt.

Graugans: Graugänse sind Zugvögel und leben an Süßwassergewässern. Sie fressen Gräser, Pflanzen und Wurzeln. Wenn sie einmal einen Partner gefunden haben, bleiben sie lebenslang bei ihm.

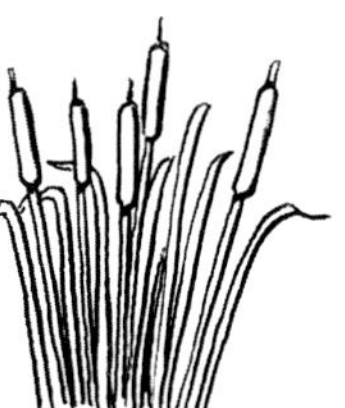

Der Fischer (ab 3 Jahren)

Material: -

Spielmöglichkeit:
Alle Kinder sitzen um einen Tisch herum. Ein Kind wird zum Fischer bestimmt. Alle anderen legen beide Hände flach auf den Tisch (möglichst zur Tischmitte hin). Der Fischer fährt mit seinen Händen über den Tisch (ohne die Hände der anderen Kinder zu berühren) und sagt dabei folgenden Spruch:

**„Ich habe gefischt, ich habe gefischt.
Ich habe den ganzen Tag gefischt und keinen Fisch erwischt."**

Bei dem Wort „erwischt" dürfen alle Kinder blitzschnell ihre Hände wegziehen, während der Fischer versucht, die Hände noch zu erwischen (leichte Berührung reicht aus). Die Kinder dürfen allerdings erst bei dem Wort „erwischt" ihre Hände wegziehen, nicht früher. Ebenso darf der Fischer erst bei diesem Wort die Fische einfangen. Wer „gefangen" wurde, darf der nächste Fischer sein.

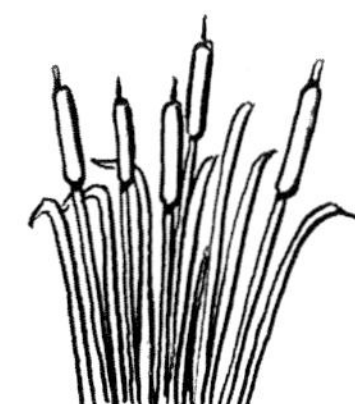

Herr Frosch, Herr Frosch, wie spät ist es? (ab 3 Jahren)

Material:
1 Turnmatte

Spielmöglichkeit:
Ein Kind wird zum Frosch bestimmt und hockt sich auf die Turnmatte. Alle anderen Kinder sind die Mücken, die natürlich nicht vom Frosch gefressen werden wollen. Die Mücken dürfen die Turnmatte erst einmal nicht berühren. Sie fliegen flatternd um den Frosch herum. Dabei rufen alle Kinder: „Herr Frosch, Herr Frosch, wie spät ist es?" Der Frosch antwortet zum Beispiel: „Zeit zum Spielen!", „Zeit zum Schlafen!" o. Ä. Dabei fliegen die Mücken immer weiter. Irgendwann antwortet der Frosch aber: „Zeit zum Fressen!" Gleichzeitig rennt er los und versucht, so viele Mücken wie möglich zu fangen. Die Mücken rennen natürlich dann auch los. Sie haben die Möglichkeit, sich in Sicherheit zu bringen, indem sie sich auf die Turnmatte retten. Das dürfen sie allerdings erst, wenn der Frosch diese verlassen hat. Alle gefangenen Mücken werden in der nächsten Runde ebenfalls zum Frosch und helfen beim Mückenfangen. Welche Mücke bleibt als Letzte übrig? Sie ist Sieger des Spiels.

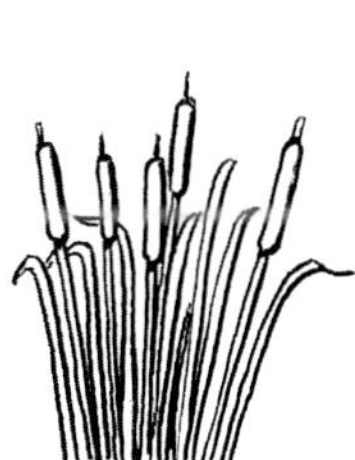

Ente und Fuchs (ab 3 Jahren)

Material: -

Spielmöglichkeit:
Alle Kinder stehen im Kreis. Ein Kind wird als Fuchs ausgewählt. Dieses Kind geht hinter den Kindern im Kreis herum. Es berührt jedes Kind an der Schulter und sagt dabei jedes Mal „Ente“.
Bei einem beliebigen Kind sagt es aber „Fuchs“ und rennt weg. Dieses Kind rennt so schnell wie möglich hinter dem Kind her und versucht, es zu fangen. Das Kind rennt einmal um den Kreis herum und stellt sich dann an die freigewordene Stelle.
Gelingt es dem Fuchs allerdings, das Kind zu fangen, so geht es für eine Runde in die Kreismitte.
Der Fuchs geht nun in der nächsten Runde um den Kreis herum.

Die Schildkröte (ab 4 Jahren)

Material:
1 Turnmatte, ggf. Hindernismaterial wie z. B. 2 Stühle, 1 Bank

Spielmöglichkeit:
Jeweils vier Kinder stellen zusammen eine Schildkröte dar. Dafür knien sich zwei Kinder mit etwas Abstand nebeneinander. Die anderen beiden knien sich seitlich versetzt dahinter.
Die Turnmatte (der Schildkrötenpanzer) wird nun auf die Rücken der Kinder gelegt.
Alle zusammen stellen nun eine Schildkröte dar, die sich durch den Raum bewegen darf.
Achtung: Ihren Panzer darf die Schildkröte dabei nicht verlieren! Das heißt, die vier Kinder müssen sich gut absprechen, wohin gekrabbelt wird.

Mit etwas Übung kann das Ganze nun schwieriger werden.
Die Stühle können zum Beispiel so aufgestellt werden, dass die Schildkröte im Slalom hindurchmuss.
Die Bank ist ein Berg, der überwunden werden muss.

Gelingt es dem Schildkrötenteam, den Parcours zu bestreiten?

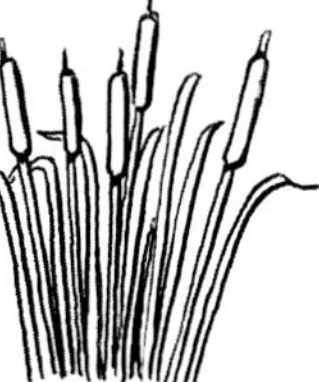